上海市文物保护研究中心

水下考古译丛

水下文化遗产资源管理：
海洋文化遗产保护及阐释

Submerged Cultural Resource Management:

Preserving and Interpreting Our Maritime Heritage

【美】詹姆斯·D.斯皮雷克　【美】德拉·A.斯科特-艾尔顿　编

洪 欣 译 赵 荦 曹小燕 校

上海交通大学出版社
SHANGHAI JIAO TONG UNIVERSITY PRESS

内容提要

这是一本汇总了世界范围内已开发的水下考古保护区、公园和游览线路的相关综合著作,也是水下考古遗址探访者和水下文化资源管理者的入门书。本书介绍了开发此类项目 20 余年的机构以及刚开始在其地区引入这一概念的机构取得的进展,主题涵盖了历史保护、旅游、教育和娱乐等。此外,对这个概念感兴趣的读者可以将本书作为历史文化保护学科的入门读物和旅行指南;本书也适用于那些打算下水参观遗址或希望进一步了解地域性海洋文化遗产的读者。

图书在版编目(CIP)数据

水下文化遗产资源管理:海洋文化遗产保护及阐释/
(美)詹姆斯·D. 斯皮雷克,(美)德拉·A. 斯科特-艾尔顿编;洪欣译. —上海:上海交通大学出版社,
2022.11
(水下考古译丛)
书名原文:Submerged Cultural Resource
Management: Preserving and Interpreting Our
Maritime Heritage
ISBN 978-7-313-25602-7

Ⅰ.①水…   Ⅱ.①詹…②德…③洪…   Ⅲ.①海洋—
文化遗产—保护—研究—中国   Ⅳ.①K868.04

中国版本图书馆 CIP 数据核字(2022)第 151439 号

First published in English under the title
Submerged Cultural Resource Management: Preserving and Interpreting Our Maritime
Heritage
edited by James D. Spirek and Della A. Scott-Ireton, edition: 1
Copyright © Springer Science+Business Media New York, 2003 *
This edition has been translated and published under licence from
Springer Science+Business Media, LLC, part of Springer Nature.
Springer Science+Business Media, LLC, part of Springer Nature takes no responsibility and shall not
be made liable for the accuracy of the translation.

上海市版权局著作权合同登记号:09-2019-350

水下文化遗产资源管理:海洋文化遗产保护及阐释
SHUIXIA WENHUA YICHAN ZIYUAN GUANLI : HAIYANG WENHUA YICHAN
BAOHU JI CHANSHI

编　　者:[美]詹姆斯·D. 斯皮雷克　[美]德拉·A. 斯科特-艾尔顿　译　者:洪　欣	
校　　者:赵　苹　曹小燕	
出版发行:上海交通大学出版社	地　　址:上海市番禺路 951 号
邮政编码:200030	电　　话:021-64071208
印　　制:苏州市越洋印刷有限公司	经　　销:全国新华书店
开　　本:710mm×1000mm　1/16	印　　张:12.75
字　　数:167 千字	
版　　次:2022 年 11 月第 1 版	印　　次:2022 年 11 月第 1 次印刷
书　　号:ISBN 978-7-313-25602-7	
定　　价:98.00 元	

版权所有　侵权必究
告读者:如发现本书有印装质量问题请与印刷厂质量科联系
联系电话:0512-68180638

总　序

国际水下考古的历史可以追溯至 1535 年意大利内米湖罗马沉船调查,弗朗·西斯科·德·马其用简陋的设备潜入水中并发现了沉船,确认了部分铺砖甲板和锚。随着潜水设备的发展,特别是 1943 年自携式水下呼吸装置(self-contained underwater breathing apparatus,SCUBA)的发明,考古学家能够较长时间地潜入水下进行调查和发掘。1960 年,美国考古学家乔治·巴斯在土耳其格里多亚角海域拜占庭时期沉船遗址的考古工作中,开创性地在水下实践了考古学方法,成为水下考古发展史上的又一个里程碑。此后,法、英、美等西方国家的考古学家又在多个海域开展水下考古工作,不断发展和完善水下考古的技术与方法。

伴随着水下考古实践的开展,各类水下文化遗产被发现和认识,其中数量最多的是沉船遗址,如著名的历史沉船瑞典瓦萨号、英国玛丽·罗斯号、韩国新安沉船、印尼黑石号沉船等。与此同时,水下考古实践的对象也不断在时间和空间上进一步拓展,如美国在阿留申群岛、珍珠港海域对两次世界大战期间沉入海中的战舰和飞行器的水下考古调查;英、法两国海军也与水下考古学家合作,对第二次世界大战期间海外沉没战舰进行了水下考古和发掘。不仅如此,美国还对内河和水库中的水下文物进行了抢救性水下考古,于 20 世纪 40 至 70 年代对其境内主要河流和 28 个州的 213 个库区进行了调查,记录了约 2 350 处考古遗址,发掘了30 余处遗址。

水下考古不仅是考古调查与发掘,船舶的移动性还衍生出以水下文物所有权为代表的法律性问题,譬如1985年,沉没于北大西洋近4 000米深海底的泰坦尼克号沉船的打捞权被独家授予普利尔展览旗下的皇家邮轮泰坦尼克号公司子公司,超过5 000件包括瓷器、银质餐具和船体构件的实物资料被打捞出水,引发了船只和飞行器等水下文化遗产所有权等法律问题。

水下考古还伴随着对出水文物的保护和展示的思考。各类文物在长期的水下埋藏过程中,不断与海水产生化学、物理和生物的交互作用;在发掘出水以后,又面临着严峻的脱盐、脱水和防腐等需要解决的问题。出水文物保护是水下考古工作中不可或缺的重要组成部分。无论是水下沉船还是人工制品,在完成保护修复以后,最常见的展示方式是在博物馆中将沉船遗骸、机械装置或船载文物呈现给公众。但是,水下文化遗产的展示方式也必须是多样性的:以第二次世界大战期间沉没于珍珠港的亚利桑那号沉船为代表,美国在沉船遗址原址上建立了纪念馆,以此来缅怀在战争中丧生的军民;还有一些国家和地区采用水下考古径和沉船潜水等方式向公众展示水下文化遗产。

我国的水下考古事业始于1987年,30余年来取得了非凡的成绩。广东南海Ⅰ号沉船、辽宁绥中三道岗元代沉船、广东南澳Ⅰ号沉船、海南西沙华光礁Ⅰ号沉船、宁波象山小白礁Ⅰ号沉船、辽宁丹东致远舰、重庆白鹤梁水下题刻遗址等水下文化遗产的发现、研究和展示,丰富了我国海江的历史文化内涵,扩展了古代文明的尺度。近年来,随着"一带一路"倡议和"海洋强国"战略的深入实施,国家对水下文化遗产保护、水下考古事业的支持力度逐年加大,水下文化遗产保护事业已经成为文博事业发展的新增长点和亮点。

近些年,上海积极开展水下考古调查、水下考古科技创新和摸清水下文化遗产家底工作,在长江口海域已经确认了长江口一号和二号两艘具有重要历史价值的沉船,为海上丝绸之路和长江黄金水道研究提供了全新的实物证据;智能化水下考古科技创新取得新进展,成功申请了发明专利,并获得了上海市技术发明奖;

根据历史海图和文献资料，梳理出上海长江口和杭州湾水域近200处水下遗迹点，建立水下文化遗产地理信息系统。上海一跃成为我国水下文化遗产较为丰富的省市之一，这对我们水下考古实践和研究都提出了更高的要求。

深海、沿海、内水和水库内淹没水下遗迹的调查和研究，近现代沉没的船只和飞行器，水下考古遗迹遗物的保护和展示，都是值得讨论和研究的话题，国外有着丰富的案例和著述。"水下考古译丛"便是对国外水下考古工作和研究的"局部呈现"。我们已经实施了囊括国际水下文化遗产法律法规、国际水下考古和海洋考古概况、水下文化遗产保护和管理、出水文物保护、古代造船技术等领域多部著作的翻译出版计划。希望借此迈出"请进来、走出去"的步伐，把国外同行的研究和工作展现出来，一是实现国内外同行的交流，为下一步我国水下考古全面走向世界略尽绵薄之力，二是希望国内水下考古从发现研究中加入阐释展示和利用的因素，从传统的历史考古研究，扩充至社会、文化和经济的共同发展，提升学科的价值。

丛书编委会

2018 年 12 月

序

  1964 年 9 月,佛罗里达群岛水下导览协会主席写信给佛罗里达州州长,对拟议的 1733 年西班牙舰队沉船的打捞计划表示关注。该协会公开要求州长协助相关组织"向公众展示这些历史遗迹,并对遗址进行长期保护"。随后,佛罗里达州上礁群岛商会也向该州州长写信表达了类似的想法,信中写道:"对佛罗里达州来说,比起打捞这些沉船并从中抽取 25% 的总值,它们的历史意义以及对潜水爱好者的吸引力更具价值。"不久之后,门罗县广告委员会也给州长写信说:"这些沉船是我们海岸的一部分,应该保留其作为景点而不是将它们打捞。除了被游人偶然发现的西班牙币等文物之外,一艘沉船中还保留着许多炮弹,船舱中还可以容纳数百条鱼。这种水下美景将直接推动当地的经济发展,而联合打捞行动则会永久摧毁这些沉船,使它们不再具有魅力。"

  总的来说,水下导览协会等组织认为最好把这些水下遗址作为历史遗迹和旅游景点来服务大众,而不是在州政府监督下将其分批打捞出来成为个人收藏,这种想法在当时很超前。25 年后,政府才被成功说服将这些沉船中的一艘指定为公共水下公园。1989 年,佛罗里达州第二个水下考古保护区——圣佩德罗号(San Pedro)沉船遗址保护区在当地的一片欢呼声下正式建成,建立该保护区的组织包括佛罗里达群岛潜水经营者协会、伊斯拉莫拉达商会和门罗县旅游发展委员会,这些组织及其前身从多年前便开始寻求州政府的帮助以保护这些历史沉船。这些组织曾在保护区内成功地抢救出沉船和大炮,后将这些文物复制品配以青铜说明牌、宣传册和水下地图放在展区并向公众开放，一时间保护区成了当地重要且宝贵的旅游资源，整个保护区的历史价值和旅游价值都得到了提升。随后保护区又成为州立公园系统的一部分，并被纳入佛罗里达群岛国家海洋保护区沉船之路的范畴。截至本书撰写之时，佛罗里达州共有 7 处水下考古保护区，均已列入美国国家史迹名录。

本书记录了水下文化资源公共管理的相关内容，其中包括澳大利亚早期的沉船之路、冷水湖底的历史船只，以及内河航道遗产走廊和近海海洋景观。这些遗址反映了数个世纪以来众多文化的历史脉络、船舶建造技术水平和商业发展情况，(沉船)文物涵盖了帆船和蒸汽船、驳船和渡轮、游艇和货船，以及保护区中提供解说服务的军舰和大帆船。这些水下博物馆由国家或地方政府管理者与当地滨水区支持者合作建立，把遗产保护、娱乐以及生态旅游相结合，将历史文化保护带入了一个全新范畴。

据我了解，由詹姆斯·D.斯皮雷克(James D. Spirek)和德拉·A.斯科特-艾尔顿(Della A. Scott-Ireton)编纂而成的本书是当今关于水下遗产道路和保护区的范围与广度最早出版的图书。本书详述了在水环境中对历史遗迹进行公众解读和保护的诸多策略的优缺点，不仅有助于记录这些策略的发展情况，而且将为未来前沿的文化资源管理提供新方向。

罗杰·C.史密斯

佛罗里达州历史资源部水下考古学家

前　言

2000年1月4日至9日,历史考古学会(Society for Historical Archaeology, SHA)在加拿大魁北克省魁北克市举办了第33届历史与水下考古专题研讨会(以下简称"研讨会")。本书致力于分享专题研讨会上的资料。研讨会的主题是"保护区、公园和游览线路:解读我们沉没的海洋遗产"①,来自美国、加拿大和澳大利亚的15名研究者、教授和相关从业人员汇聚一堂,介绍了他们在推进公众访问已开发沉船以及其他潮间带和水下考古遗址方面开展的工作及遇到的问题和想法(见附录)。佛罗里达州水下考古学家罗杰·C.史密斯(Roger C. Smith)博士进行了总结陈述。这次研讨会是由南卡罗来纳州考古与人类学研究所的詹姆斯·D.斯皮雷克和佛罗里达州考古研究局的德拉·A.斯科特-艾尔顿共同组织的,他们也是本书的编者。

研讨会以及本书中讨论的概念是水下文化资源管理者、考古学家、业余爱好者和具有历史保护意识的组织,应该联合起来鼓励公众访问已开发的水下考古保护区、公园,并向他们提供游览线路。开放这些水下或潮间带景点旨在通过使用说明性指南、宣传册和陆上辅助展览,向游客介绍该遗址的文化意义、结构要素和环境设置。水下文化资源管理的一个重要目标是希望借助管理工作来培养公众的保护意识,并通过娱乐手段来达到教育目的;另一个重要目标是通过历史、教育

---

① 译者注:本书是一本论文合集,为了还原原文,译者保留了不同地域的不同作者对于保护区与公园的称呼。

课程和休闲旅游业为东道国带来经济利益。研讨会的组织者认为,把水下文化资源管理领域的专家汇集到一起,将为讨论水下考古保护区、公园及与此概念相关的具体问题提供一个有益的平台。例如,讨论访问量增加对独特而脆弱的遗址带来的影响、讲解的目的、资源的可持续性、非潜水员的可及性以及其他值得关注的主题。研讨会还希望发挥信息交流中心的作用,让已经实践和有兴趣在所在地区实践此概念的参与者受益。

在准备研讨会时,组织者除了邀请相关从业者参加会议之外,还同时在网络讨论组 SUB_ARCH 上发布了研讨会的简短说明,这个网络讨论组致力于讨论与水下考古有关的主题,以获得现有的未被广泛了解的保护区、公园和游览线路项目的全面信息。我们收到了许多来自苏格兰、南非、澳大利亚、加拿大、以色列和美国等不同国家/地区申请参加研讨会的来信和互联网申请。遗憾的是,由于种种原因,一些可能的与会者未能出席会议,但是通过这些交流,我们已经了解了相关地区建立保护区、公园和开发游览线路的实际情况。我们看到一些国家已经开始向公众推广已开发的水下文化资源,但这一概念显然仅限于美国、加拿大、英国、以色列和澳大利亚。在其他国家,要么刚刚开始创建保护区、公园和游览线路,要么还没有准备好加入这项冒险活动。

本书大多数章节内容是在历史考古学会 2000 年专题研讨会上发表的论文。在本书编辑过程中,又收到了 3 篇投稿论文。本书论文编排按会议报告顺序,首先讨论涉及研讨会主题概念的解释与管理原则,随后列举现有保护区、公园、游览线路的实例。本次研讨会由史密斯博士作总结发言后圆满结束。史密斯博士还为本书作序,在编撰论文及后文章节时,他要求编者必须关注与保护区、公园和游览线路项目相关的立法、经济效益、讲解方式、存在的问题、成功要素和未来发展方向。因此本书内容不仅如上所述,也包含许多创新性水下文化资源管理概念的原则及其实践的相关内容。

本书的目的是将研讨会上获得的知识广泛传播给更多的民众,包括那些可能有兴趣在他们的地区建立一个类似项目、想了解更多有关世界水下考古遗址历史保护内容,以及可能单纯地喜欢参观这些特别的考古遗址的人们。

编者们在此感谢史密斯博士为本书作序,感谢每一章的作者,感谢他们在此过程中所付出的辛勤工作、耐心和给予的支持。感谢克吕韦尔学术出版社给予的出版机会,尤其是特蕾莎·克劳斯(Teresa Krauss)的帮助和鼓励。感谢我们的家人,感谢他们理解我们为了完成本书而付出的时间和努力。

目　录

概　述

　　本书是一本汇总世界范围内已开发的水下考古保护区、公园和游览线路的相关综合著作，介绍赞助此类项目 20 余年的机构，以及刚开始在有关地区引入这一概念的机构取得的相关进展。本书讨论的主题包括历史保护、旅游、教育和娱乐等。本书应被视为专业水下考古学家和业余潜水爱好者，以及希望鼓励和加强公众对合适的水下考古遗址进行探访的水下文化资源管理者的入门书。此外，对这个概念感兴趣的人，可以将本书作为历史文化保护学科的入门读物和旅行指南，当然那些打算下水参观遗址或希望进一步了解地域性海洋文化遗产的人们，本书也会是一个不错的选择。

　　本书分为三部分。第一部分介绍创建水下考古保护区、公园或游览线路时要考虑的理论和概念。这一部分又分为 3 章，概述了平衡公众参观欲望与考古完整性所必需的决策过程，提出了为游客解说水下文化资源的理论框架，并回顾了一个雄心勃勃的计划。本书的第二部分和第三部分重点介绍了创建此类水下（考古保护区）/景点的实际案例，主题包括在联邦和州一级的立法授权问题，与公私单位建立合作伙伴关系，开发基础设施用来最大限度地降低潜水员和水下文化遗产所面临的风险，以及相应地对陆上和水下游客提供遗址解说服务。第二部分有 6章，专门介绍针对那些以单一遗址或局部聚集性遗址为中心的保护区和公园。第三部分的 4 章专门介绍已"连接"在一起形成游览线路的遗址。除了传达创建和促进公众获取水下文化资源实践方面的内容之外，作者还坦诚地探讨了他们的项目表现，并为今后的工作提供了建议和指导。

　　编者和各章作者希望本书可以给那些有望创建水下考古保护区、公园或游览线路的组织以参考和指导，也希望他们可以利用书中内容来充分预测其踏上这段"航程"时可能出现的各种问题和风险。

第一部分

理论和概念

第一部分提出了创建水下考古保护区、公园和游览线路的理论框架；探讨了向公众开放水下文化资源，并鼓励他们与之接触的设想；讨论了实现这一目标所需的创新技术。作为一种相对较新的概念和水下文化资源管理途径，创建水下考古保护区、公园和游览线路的构想目前仍在改进和扩充之中。

　　托德·汉纳斯（Todd Hannahs）认为，考古学的主要目的是恢复在考古遗址获取的信息，而并非鼓励对遗址的访问。然而，水下考古学家发现，为了有效管理那些希望体验历史遗迹的人们而采取何种决策的问题就自然而然地落到了他们头上：是要建立不对外开放的水下考古保护区，还是建立对公众开放的水下考古公园。作者为水下文化资源管理者提供了一个决策范式，确定哪些遗址对公众开放而哪些不开放。决策传统上属于文物保护的范畴，更多的是出于考古学原则，而不是为公众提供体验历史的机会。基于此汉纳斯呼吁文物保护领域的专家们超越水的边界，将水下资源视为陆地结构进行保护，为公众提供体验历史学科目标的自然延展，协助保护水下资源。

　　肯尼思·J.弗拉纳（Kenneth J. Vrana）和盖尔·A.范德·斯托普（Gail A. Vander Stoep）讨论了海洋文化景观的概念，并定义了构建总体景观概念的特定术语。这个概念试图提供一个传达特定区域内文化和环境背景的诠释途径。海洋文化景观的概念已在密歇根州数个地区付诸实践，作者重点关注了其中一个水下保护区作为典型案例。该章结尾列出了使用这一理论结构诠释历史时所面临的机遇和挑战。

　　丹尼尔·拉罗什（Daniel La Roche）回顾并评估了加拿大联邦和省级水下文化资源管理者向公众提供水下历史考古资源和历史信息的途径，包括建立讲解中心、可供公众直接访问水下考古遗迹的水下考古公园。作者提到，这些项目成功的同时，加拿大联邦和省级层面都需要做更多的工作，以便更好地向公众传播知识。此外，作者还提出了促使公众更多地接触加拿大水下遗迹的途径。

第1章 水下公园 VS 水下保护区: 保存资料还是公众开放?

托德·汉纳斯[①]

1.1 问题:公园还是保护区?

　　本书有些自相抵牾之处。我们看到,一些考古学家将他们的心思和精力投入到促进公众去探访水下文化资源当中。从表面上看,这非常奇怪和反常。无论文化资源是位于陆上还是水中,为公众提供更多、更好的接触文化资源的机会,都不是考古学的任务。当然并不是说这种利用方式绝对不是管理水下文化资源的正确方法,但是从纯粹的考古学角度来看,这是不可取的。考古学家们也没有接受过此类培训。如果最好的资源利用方式是公众自行探访,而不是通过考古工作恢复文物信息,那么考古学家在这些资源的管理工作中还应担任主角吗? 如果文化资源的价值仍在于它的考古潜力,那么鼓励公众探访以至于增加它所承受的压力就是得不偿失的。如果文化资源的主要价值并非在考古学方面,那为何考古学家在涉及它们的管理决策时要担当主角呢?

　　保护区并不鼓励公众参观水下文化资源,反之水下公园才是。建立公园的目

---

① 托德·汉纳斯,通信地址为加利福尼亚州圣路易斯-奥比斯波市悉尼路 1250 号,93401。

的是长期地为公众提供探访机会。无论创建一个水下公园的动因为何,结果都将促使资源所受压力因公众探访而增加。

1.2　考古学方法:资料的综合管理

传统上,考古学家会对水下文化资源进行评估、记录,然后有可能向公众开放——这种情况正日渐增多。考古学家发现,许多原因都会导致自己的工作与学科格格不入。因为水下考古学家是第一个对水下文化资源感兴趣的群体,他们把水下文化资源作为文化资源,而不是打捞对象,所以最初水下考古学家被认为是这些资源管理者的合理选择(Muckelroy,1980:185)。他们最了解这些遗址和适用于遗址的特殊条件,而且他们对水下保护区相关的设计和用途也有着诸多设想。除非他们不鼓励公众探访而将遗址设限,否则会有更多游客探访遗址。

考古学家会广泛参与水下公园的创建和管理,主要原因是没有其他人愿意承担保护和管理这些文化资源的责任。当沉船考古调查完成后,通常会有相当数量的完整构件甚至文物留在原址。把这些文化遗产全部打捞上来,经济上难以承担,甚至是不可取的。但是如果遗产被留在原址而没有加以保护,很可能会受到业余潜水员或者职业打捞者们的洗劫、损坏或摧毁(Halsey,1996:28)。即使在解决了考古方面问题的情况下,考古学家也很少能向任何人移交这些遗产资源的管理工作。

对于已经被发现但还没有被充分记录或分析的遗址,这种状况就更加严重了。因此,在水下保护区的设计、创建和管理工作中,考古学界在很大程度上占据了主导地位。这样做是为了减轻某些考古学家们无法预防的行为的影响(Cohn et al.,1996:Ⅵ,1;Peebles and Skinas,1985:49;Smith,1990:23-29)。保持考古遗址完整和鼓励公众访问的目标不但不一致,甚至从许多方面来看是矛盾的。

传统上,决定创建水下公园或水下保护区考古学决策流程如图1-1所示,目标是恢复信息。创建水下公园,归根结底是一种为了确保资源得到保存,以供未来研究的临时性措施。如果可以完全禁止公众访问,那么这将是确保遗址完整性的一种绝佳方式。如果不能完全禁止公众访问,那么创建水下公园就是最好的替代选择。由此看来,建立水下公园的动力往往来自尽可能地保护和保留这些资源的愿望,其目的是为未来进一步的考古调查服务。

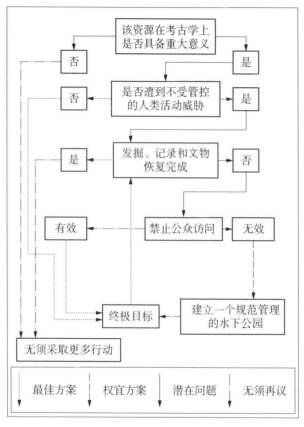

图 1-1 目前建立水下公园或水下保护区的考古学决策流程

由于没有其他人群愿意挺身而出承担管理这些资源的责任,考古学家们发现自己正为考古学之外的原因而忙碌。鉴于他们所接受的对文化资源的管理方式和态度,他们更倾向于将文化资源看作尚被禁锢于历史遗存网络中的数据,而不是作为创造共同的历史延续感中的关键元素或是良好的教育资源(Cleere,1989;

9）。尽管运用考古学思维来管理水下公园可能适合于短期的、特殊的遗址状况，但这并不是最好的处理资源的模式，人们希望这些资源可以被永久利用。

水下文化资源面向公众开放有许多好处，其中一些在这本书中谈及。例如，增进公众对文化资源价值和敏感性的认识，遗址旅游带来的经济效益，更好地保护濒危遗址，提高水下考古调查的知晓度，以及让一般公众对这种调查的价值有更好的认知（Kaoru and Hoagland，1994：194－197；Smith，1998：115－119；Throsby，1997：15－18）。然而所有这些都是理想的目标，不是考古学的目标。向公众开放水下文化资源可能通过鼓励公众提供支持，进而有助于实现考古学目标，但它们本身不会促进考古学基本目标的实现。

1.3 文物保护的方法：公众开放管理

如果一处水下公园的主要吸引力源自其历史元素，那么管理它的正确思维模式应该是怎样的呢？首先，必须将文物保护和考古区分开来。许多人都以为这两者只是同一学科的不同部分。而事实并非如此，但这种混淆很常见（King et al.，1977：20－21）。有个老笑话，说英国人和美国人是被共同的语言区分开来的两个民族。考古学家和文物保护工作者们的关系有点类似于此。他们都参与了文化资源管理工作。他们的表述中处处引征《1966年美国国家历史保护法案》第106条，注重文化资源的清晰性、完整性和进入国家历史遗址名录的潜力，但考古学家寻求的是从文化资源中获取信息（Martin，1981：18）。当考古学家完成项目之后，通常会把文物放在打好标签的密封包装袋里，然后发表报告。

不同的是，文物保护工作者则力求确保公众能亲身感受到历史（Fitch，1982：6－17）。文物保护的目标是最大限度地增加向全社会提供与人类活动物质遗存亲密接触的机会。文物保护工作者的项目完成后，最终呈现的会是原址保护的整体结构。看看文物保护专家罗伯特·斯泰普（Robert Stipe）下面的这段话（Stipe，1983：59）。

首先,我们力求保护我们的历史资源,因为它们将我们与过去紧密地联系在一起。这些遗产的一部分必须被保存下来,我们才能认知我们是谁,我们是如何走到今天的?最重要的是,我们与其他人有何不同。档案、照片和书籍不足以赋予物质遗产以温度和生命。影子总是无法表现出实物的本质。他这里说的"影子"就是指考古调查的活动内容和最终产出。

考古学家和文物保护工作者都重视文化资源。但两者所采用的方法和目标大相径庭,有时甚至可能会发生冲突。图1-2展示了从文物保护角度出发建立水下

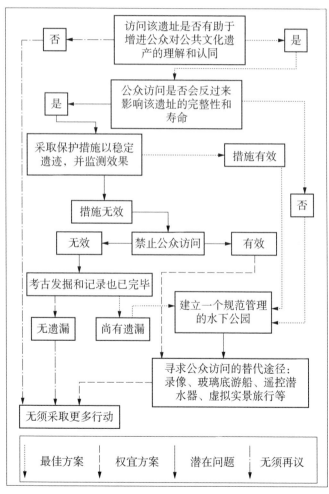

图1-2 建立水下公园的文物保护决策流程

公园的决策流程。重点在于可持续地提供公众访问,而不是保存考古资源。如此一来,为保护资源进行外部干预自然就会被视为水下公园运营中不可分割的一部分。

目前,水下保护区的创建和运营在两个截然不同的目的之间"挣扎"。水下文化资源中的信息应当得到保护,而资源又应当向公众开放,给公众机会了解。若从单纯的考古学角度来看,第一种目的的达成是通过勉强允许第二种目的作为一种不可取但无法避免的副作用来实现的。考古学家向公众开放的保护区中,公众访问的水平已经达到危及资源完整性的程度(Peebles and Skinas,1985:49)。考古学家使用的推理链如图 1-1 所示。

具有讽刺意味的是,通常正是考古调查才让公众的兴趣达到了峰值。这导致了一些具有重要考古意义的遗址的开放。那些特别脆弱的、非常古老的、技术独特的,或者文物和背景信息格外丰富的遗址最能吸引考古学界的兴趣。当公众有机会了解这些遗址后,一些潜水爱好者很快就会试图自行前往探访。由此可知,那些考古学家最倾向于保护的遗址,往往是那些承受着巨大的向公众开放的压力的遗址(Cater,1997:A9;Green,1997:A4)。

当沉船被保存下来,就像在水下公园中那样,考古学家将一直把它视为最终需要发掘和记录的遗址。技术和方法的改进将提出新的问题,并有望得到解答。这样一来,以考古学方法管理的水下公园相当于一处考古信息的储存库。

文物保护的思路则会侧重保护资源,鼓励公众亲身体验遗产文化。直接通过外部干预来维护资源和减轻公众探访带来的压力,会成为基本的管理策略。这也意味着一艘简单的、没有任何人工制品,但很容易接近,处于清澈水域中的木船,会比一处考古学家感兴趣的、受到法规限制或建造技术复杂的沉船遗址更容易受到关注。

建立水下公园更有效的方法,是将潜在的水下考古保护区中包含的考古数据视为不良特征。图 1-2 是评估水下文化资源是否适合成为水下公园的一种方法。如果数据已经获取,则该项将被赋予正值。这将减少具有高考古潜力的遗址被选中的风险。如果一个遗址未遭到不受管控的人类活动的威胁,那么向公众开放在理论上是单纯的外延活动;在取得充分的资料之前,考古学家不应鼓励开放此类遗址。如果牢记水下公园的宗旨,那么所采用的方法和最终的效果将会得到极大的改善。图1-3展示了综合考古和文物保护两种方法创建水下公园或者水

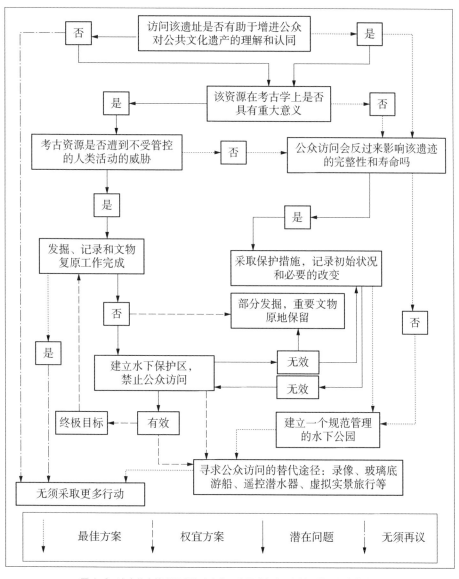

图1-3 决定什么情况下应该建立水下公园或者水下保护区的最佳决策步骤

11 第1章 水下公园 VS 水下保护区:保存资料还是公众开放?

下保护区涉及的最佳决策步骤。

对于文物保护工作者来说，为了维护资源进行外部干预是管理上可接受的选择（Weeks and Grimmer，1995：18 - 24，62）。在保护措施不足的情况下，如果禁止公众访问的尝试失败了，就应该考虑进行考古调查。而调查重点应该放在寻找对公众来说还原历史的潜力巨大、但提供数据的潜力很小的遗址上。

过于关注沉船在考古学上的重要性，可能会让这些资源的管理者们对潜在的解决方案视而不见。最佳的文物保护方式应将遗迹视为一种可供参观和体验的资源。由此，文物保护工作者应站在相同的立场上处理陆地历史遗址和水下遗址（Amer，1998：20 - 24）。

对于历史建筑或历史沉船，如何应对公众访问和环境状况造成的外部压力是文物保护工作者经常要面对的问题。比起运用纯粹的考古学方法，他们在遗址保护方面的经验和使用的方法更适用于水下公园。一座历史建筑，或者一艘系在码头上的船，通常是先对其进行外部维护，而不是发布一系列禁令。遗憾的是，对沉船来说，仅仅进行简单维护的做法通常不会被纳入考量范围，更不用说实施了。

资料保存一旦得到改善，之后遗址便能向公众开放。但考古学家必须承认，遗址的最佳利用方式是向公众展示其遗产的有形部分，而不是提供更多关于遗产的信息。将沉船包含的信息作为水下公园的负面评分因素，这些公园就不再会被要求完成自相矛盾的目标。该如何评估水下文化资源向公众提供开放机会或者信息的潜力？表 1 - 1 提供了一种可能的评估途径。

表 1 - 1　水下公园潜力评估表

状况	历史体验的质量	考古学上的重要性	资源受损的可能性	安全性
当前		N/A		
能见度		N/A		
深度		N/A		

状况	历史体验的质量	考古学上的重要性	资源受损的可能性	安全性
温度		N/A		
动物区系		N/A		
交通		N/A		
易损性				
历史关联				N/A
独特性			N/A	N/A
可移动文物				
访问				N/A
代表性			N/A	N/A
完整性			N/A	N/A
复杂性				N/A
现代残留				
总和				
最终评分				

注:1. 分值:5=无与伦比,4=优秀,3=非常好,2=好,1=尚可,0=中点,-1=遗憾,-2=不好,
-3=糟糕,-4=非常糟糕,-5=灾难性的,N/A=无法评分。
　　2. 考古材料的存在会导致估值为-1~-5。

　　既然问题在于是否要建立公园,那么该资源的考古潜力很大程度上是负面因素。如此就能将信息的保存和恢复与建立水下公园这两者分离开来。在决策流程伊始就这样做,非常有助于取得令人满意的结果。

1.4　融合:管控和访问的平衡

　　这两种方法的融合是可能的。第一步是要承认建立水下公园的目的在于向公众提供感受历史的机会。如果考古资源需要保护,那么应该建立水下保护区,禁止公众进入。除了厘清目标之外,这样做的另一个好处是会给评估系统带来相当大的灵活性。一旦已经获取了充足的信息,水下保护区就可以转为历史公园。如果有必要的话,一个因游客频繁访问而受到严重破坏的水下公园也可以变成保

护区，以便对其进行研究并实施保护措施。

由于人们对遗址的考古潜力不太感兴趣，不那么"敏感"的遗址也可以考虑作为潜在的水下公园进行管理。公众对潜水探访沉船的渴望正日渐增加，将那些考古学家不怎么感兴趣的遗址向公众开放可作为减轻那些敏感脆弱的考古遗址所承受压力的有效途径。对于那些太脆弱或太危险、不能对公众开放的遗址，应该寻求别的体验途径。与此同时，管理者可以借助各种媒介让更广泛的民众接触到沉船。

从文物保护工作者的角度出发，对于沉船可以想出更积极的保护策略。具体的处理方式依赖于遗址的完整性和可识别性。所有水下公园实施的修缮和复原工作都应该被记录，并在考古学和文物保护两方面的意义都清晰可辨，以消除考古学家对信息丢失的担忧。

1.5 结论

在过去三十年里，水下考古界从无到有创建了一个完整的分支学科。它一直在努力改变公众对水下文化资源的看法。考虑到寻宝活动的巨大吸引力，这方面已取得了相当大的进展。考古学家开发了新方法和新技术来恢复和保存从水下文化资源中发掘出的文物的信息。他们一直积极宣教，让公众了解什么是对这些水下资源负责任的做法。然而，对于水下保护区，向公众开放和考古学家追求的目标从根本上来说是冲突的。

考古学家的介入满足了人们日益增长的需求，因为文物保护工作者还没有将视线移向水中。就像三十多年前，考古学家们努力将考古学带到海底环境中时那样，文物保护尚未"离开海岸"。考古学家们一直站在水下保护区创建的最前沿，但考古学的职能并不包含让公众获得真切的历史体验。他们并不情愿站在那个位置。他们在那，是因为建立水下保护区和公园是一种保护考古信息的途径。文物保护工作者没能积极参与水下保护区的设计和管理,导致了水下文化遗产保护空白的出现,考古学家不得不来填补这个空白。现在文物保护界应当认识到自己的职责,意识到文物保护这一学科是关乎方法论和哲学的问题,而不仅仅是在某些特定环境中建立一套特定的结构。公众必将从中受益。文物保护方法非常适合用于设计和建设水下公园,因为其主要目标就是为公众创造亲身感受历史的机会。

把水下历史保护区分为两种不同的类型效果可能会更好,即把其中对公众开放的一类称作水下公园,而另一类对公众封闭的称为水下保护区。如果某个水下保护区的信息已经取得,那就可以转为水下公园。水下公园的本质特征就是向公众开放,它的根本目的就是将这种机会最大化。过度或者不当地利用资源致使它遭到破坏或者损毁,显然会减少这种机会。因此,在扩大这种机会的过程中,对资源的保护必然会有一席之地,但保护本身并不是目的。水下保护区和水下公园之间应该划出清晰的界限。

考古学家可以评估沉船提供信息的潜力。如果潜力很低,那么发掘这些信息所需要的时间和资源也就少了。发掘完成后,该遗址就可以作为水下公园向公众开放。此时,考古学家对这艘船的感兴趣程度就很低了。一旦沉船中的文物信息被保存好之后,围绕水下公园的建立和维护的问题就主要是外部的事情了。这个遗址安全吗?能见度如何?应该设计什么样的标牌?遗址地点是否需要浮标或者用别的方式来做标记?需要什么样的司法保护和遗址监测方法?何种水平的修缮或恢复是恰当的?对一般潜水员来说,有效的历史体验由哪些要素构成?

对开放的水下公园而言,文物保护的手段和理念是恰到好处的。关键问题是要让历史对公众来说看得见、摸得着、完整、易于理解,此外其中文物还能够得到妥善保存和修复。为了保护文物采取的干预措施到什么程度是适当的?有效的遗产文化体验由哪些部分构成?遗址环境改变到什么程度会造成真实感的丧失?这都是与文物保护工作相关的问题。

考古学界对于沉船研究拥有丰富的专业经验。在是否建立水下保护区的问题上，考古学家应该拥有最终的决定权。但是对于水下公园而言，我们应该认识到考古不再是主要目标。

建立水下公园的目的是提供可持续的公众访问。就像陆上的情况一样，修缮和维持对水下文物的物理干预活动应当被认为是正常的和必要的。试想一下，这些年来对美国海军宪法号（USS Constitution）、英国皇家海军胜利号（HMS Victory）或者美国海军星座号（USS Constellation）进行过多少次物理干预（Amer，1998:20-24；Bayreuther，1987:1-2；Roylance，1996:8,1997:25）。通常，为了使一个历史遗址更容易被公众所接受，相当程度的干预往往都会被视为必要且适当的。为了让公众切实了解海上历史，这些活动显然是不可或缺的。在允许公众访问的水下公园里，考古学家的知识和专业技能应该为文物保护的目标服务。

第 2 章　桑德湾国家海洋保护区和水下保护区的海洋文化景观

肯尼思·J.弗拉纳,盖尔·A.范德·斯托普[①]

2.1　引言

　　文化景观概念似乎有望为海洋研究及资源管理提供一个框架。然而,这一概念框架的综合性在实践中面临着许多挑战。本章的目的是讨论海洋和沿海资源方面的文化景观,并探索桑德湾国家海洋保护区和水下保护区海洋文化景观的开发潜力。本章并不准备详细阐述这个主题,而是希望能激起考古学家和文化资源管理者们的兴趣,就这个概念在公园、娱乐和旅游方面的应用与他们展开对话。

2.2　什么是文化景观?

　　人类群体随着时间流逝,会在不同程度上与其外部的物理、化学与生物环境发生相互影响。这种人与环境间交互作用产生的效应会累积起来体现在当代的景观中。这些景观包括罕有人迹的地理区域(例如荒野地带),依赖自然资源开发

---

① 肯尼思·J.弗拉纳,密歇根州莱恩斯堡海洋与水下资源管理中心,邮政信箱158,48848。盖尔·A.范德·斯托普,公园、休闲和旅游资源部,密歇根东兰辛市密歇根立大学,邮政信箱48824.

17　第 2 章　桑德湾国家海洋保护区和水下保护区的海洋文化景观

和利用的地理区域(例如乡村地带),还有存在大量人为设计或者建筑的环境(例如城区和近郊)。

文化景观通常可以被视作人类随着时间的推移创造出的环境,揭示了人和陆地或者海洋之间重要的关联和关系(NPS,1997)。美国国家公园管理局给出的正式定义中将文化景观描述为"包含文化和自然资源以及野生动物或者家畜的,与历史上重要的事件、活动或人物有着密切关联并且展现了重要的文化或美学价值的地理区域"(Birnbaum and Peters,1996;NPS,1997:107)。

美国国家公园管理局把文化景观分成四类:历史遗迹(historic sites)、民族志景观(ethnographic landscapes)、历史性设计景观(historic designed landscapes)和历史性乡土景观(historic vernacular landscapes)(Birnbaum and Peters,1996;NPS,1992)。历史遗迹包含的建筑或者结构体通常被放在较为有限的地理背景中解读。密歇根州阿尔皮纳休伦湖畔的一个繁忙码头的鸟瞰图如图 2-1 所示。民族志景观传统上与当时的民族群体联系在一起。历史性设计景观是与某种公认的艺术风格或者艺术传统相关的标志或者作品。

图 2-1 密歇根州阿尔皮纳休伦湖畔的一个繁忙码头的鸟瞰图(1880 年)

(资料来源:密歇根州阿尔皮纳市耶西·贝塞尔博物馆)

历史性乡土景观似乎特别适用于许多海洋和沿海地区的阐释。美国国家公园管理局将其定义为：

　　……景观的使用、建造或者是实体布局反映了当地的传统、习俗、信仰或是价值观；在其中，文化价值观、社会行为和个人行为随时间的变化体现在外部特征、材料以及它们的交互关系中（包括空间组织、土地利用、传播、种植、建筑、各种物品等）；其物理的、生物的和文化的特征反映了人们的习俗和日常生活（NPS，1992：4）。

　　乡村历史景观（rural historic landscape）是一种乡土景观，是指"历史上曾被人们开发利用，或者被人类的活动占据/干预所塑造/改变，在土地利用、作物种植、建筑构造、道路和水路以及自然特征方面具有明显的集中、联系和连续性"（NPS，1992：4）。乡村历史景观的主题分类，通常基于历史上人类的占用或者对土地的利用，包括农业、工业、海洋活动、娱乐、运输、迁移、保护，以及宗教和仪式性活动（McClelland et al.，1990）。

2.3　海洋文化

　　海洋是地球表面连成一体的海和洋的统称，其活动包含了人类和水文环境（比如海洋、湖泊、溪流和湿地）之间的联系。海洋活动的类型包括航运、沿岸贸易、商业捕捞、木材浮运、造船、海滨娱乐和旅游、海洋安全和海军行动。与这些海洋活动相关的文化资源，包括船舶及其他大型运输工具，小型船只，沉船，造船厂，船坞和港区，埠头和仓库，船闸和运河，灯塔、救生站及其他航运支持设施，沿海历史遗迹，海军设施，以及展示独特海洋文化的当代社区。

　　海洋文化的定义仍然存在一些争议。马克尔瑞（Muckelroy，1978）比较青睐一个包含船舶和航海所有方面的更为严格的定义，该定义排除了岸上的相关社区，以及像海滨娱乐这样的非商业性活动。他表示，海洋文化的主要内容应该包含航海技术、海战和海上贸易，以及船上社会等类别。

韦斯特达尔（Westerdahl，1994：265）提出更为全面的内容，列举了"一系列反复出现的重要海洋特征"。这些行为特征作为海洋文化的指标，其数量广泛且因特定社会时期而异。一个族群必须专注于各类海上事物，其文化才能被视为海洋文化。另外，海洋文化也会伴随着船舶和船员出现，即便是那些居住在沿海或者内陆的族群，其文化也可能成为海洋文化的一部分（Westerdahl，1999：Ⅰ）。弗思（Firth，1999）建议从四个方面分析一个社会所表现的文化是否属于海洋文化：地域、合法化特权、共同的风俗、总体身份认同。海洋文化研究被视为"将海洋考古学从主要专注于技术和军事方面发展为对一般文化史研究作出贡献的途径之一"（Westerdahl，1994：269）。

亨特（Hunter，1994）对海洋文化和海洋文化景观的相关概念分析的用处有多大表示怀疑。他提出，"尽管许多文化都包含了与海洋相关的成分，但在民俗学领域之外找出什么是海洋文化很难，……海洋相关部分仅仅只是它们所属的更大意义上的文化的延伸或者是反映而已，它们更多的是整体的部分，而不是独立的经济或者社会元素。"（Hunter，1994：262）他相信，创造这些概念主要是出于政治目的而非为了研究，是为了帮助证明"沿海和岛屿遗址的海洋背景与陆地背景同样重要"（Hunter，1994：261）。

2.4　海洋文化景观

韦斯特达尔（Westerdahl，1992，1994：266）承认，"海洋文化景观最初是与文化资源管理利益相关的术语，……被创造出来是为了涵盖包括水下、水上以及沿岸的所有物质遗存。"不过，他指出，这个概念对于水陆结合的学术研究是有价值的（Westerdahl，1999）。在研究中，文化景观的认知方面（例如传统、民俗、故事传说之类的无形因素）应该和考古学方面同样予以考量（Westerdahl，1994）。

弗思（Firth，1999）将海洋文化景观这一概念视为海洋考古学的三个方面之一,另两个是"社会"和"批判"。他认为,"海洋文化景观的概念有助于确定古代海洋物质和更广泛的社会演化之间的关系"(Firth,1999:4)。他提出了一个扩大化的研究和资源管理的概念框架,包括海洋文化景观、古代地表、现状和管理环境等(Firth,1999)。其中"现状"的定义是"现时现地的海滨日常生活状况";"管理环境"意味着"考古学管理实践中的物质和认知环境"。这样更广泛、更全面的概念框架表明,除了考古学之外,还需要多个社会学科的交叉应用性研究。

在美国,将文化景观用作研究和资源管理的概念框架,主要与国家公园管理局和历史保护领域有关。国家公园管理局会就某个文化景观的处置和使用,出具一份报告作为基本指南(NPS,1997)。阿赫姆(Ahem,1992:X)指出,"早期关于景观资源的报告是单一学科的研究项目,着眼点往往完全聚焦于历史文献。"之后的报告会包括对遗址考古记录的综述、景观特征性细节的田野调查数据记录、对文献来源和田野调查信息的分析与评估,以及保护处置方式的建议(Ahem,1992;NPS,1997)。

分析和评估过程的核心是重要性、关联性和完整性(NPS,1997)。文化资源必须和重要的历史、建筑、文化、科学或技术关联才具有意义。关联性是指资源与其社会文化背景之间的联系或关系。如果文化资源保留了代表这些关联的物质属性,它就具有完整性。普遍被接受的景观处置方法包括保存、修复、恢复和重建(NPS,1997)。管理文化景观中的自然环境、野生动物和其他自然资源可能是必要的,管理当代人利用景观进行的经济和娱乐活动也是必要的。在保护区内,对这些景观的处置和管理策略通常会在综合管理方案之类的文件以及其他规划文件中予以说明。此外,美国国家公园管理局鼓励将重要的文化景观作为遗址或历史区域列入国家史迹名录当中(NPS,1997;McClelland et al.,1990)。

目前,美国国家公园管理局文化景观相关的活动中,并不包括对任何海洋文化景观的专门研究。不过,在密歇根州,有些人正在尝试将这一概念应用于五大湖保护区。

基于海洋文化景观的概念,建议马尼图海峡水下保护区(Manitou Passage Underwater Preserve)和邻近的睡熊沙丘国家湖岸风景区(Sleeping Bear Dunes National Lakeshore)能够采取地区性的研究和资源管理方法(Vrana,1995)。1988年,密歇根州在密歇根湖北部划定了马尼图海峡水下保护区;1995年完成了其海洋资源和娱乐资源的清点。该地区的文化景观与农产品的运输密切相关,包括水下资源(尤其是历史沉船和码头遗址)、沿海历史遗址以及现在主要依赖海滨娱乐和旅游的"鲜活"海洋社区。睡熊沙丘国家湖岸风景区计划开展海洋和农业主题的文化景观研究。

为罗亚尔岛国家公园(Isle Royale National Park)整体管理计划准备的重要声明中将苏必利尔湖群岛描述为原始荒野和海洋公园(NPS,1998)。两种截然不同的景观塑造了以价值为基础的公园资源形象,以及如何合理使用这些资源:是当作北方森林的荒野景观,还是海洋文化景观?荒野景观在人们的观念中是原始的森林和水域,占据主导地位的是野生动物和自然风景。历史上罗亚尔岛有大量的人类活动痕迹,史前人类就在这里开采铜矿,然后在苏必利尔湖的开阔水域用小船运送货物;美洲土著和欧洲人的后裔们世世代代在这里捕鱼。其他具有历史和重要性的海洋主题包括海岸贸易、航运和沉船、灯塔、海滨度假区、休闲捕鱼和游艇观光。管理者所面临的挑战是要同时管理好这两类景观,保证荒野体验和现在的海上游乐项目都不会对海洋文化景观造成破坏。

2.5 桑德湾国家海洋保护区和水下保护区

位于休伦湖北部的桑德湾国家海洋保护区和水下保护区为将海洋文化景观用作研究和资源管理的概念框架提供了一个重要的实践机会。由于此地文化资源的质量,以及涉及联邦/州/地方间的合作关系而显得尤为重要。

1981年,桑德湾水下保护区成为密歇根州设立的首个沉船保护区。2000年,美国国家海洋与大气管理局(NOAA)划定了一片被淹没的陆地和水域(包括水下保护区)作为国家海洋保护区。由此诞生的桑德湾国家海洋保护区和水下保护区是第一个专门研究大量历史沉船和其他水下文化资源的国家级海洋保护区。保护区的管理工作由密歇根州政府、美国国家海洋与大气管理局,以及当地社区和其他利益相关方合作进行(NOAA,1999;Vrana and Schornack,1999)。

"密歇根州桑德湾作为国家历史地标可能性的初步比较与主题研究" (Preliminary Comparative and Theme Study of National Historic Landmark Potential for Thunder Bay,Michigan)(Martin,1996)是海洋文化景观概念的基础信息来源之一。这项研究是将桑德湾地区指定为国家海洋保护区的可行性研究的一部分。主题研究分析了特定的文化资源及其与美国历史和文化中特定的主题或对象的联系,然后这些资源将与更大地理范围内的其他类似文化资源进行比较研究。马丁1996年的这一研究表明,桑德湾地区"拥有对美国具有重要意义的一批沉船,数量大约为160艘,跨越了超过一个世纪的五大湖航运史……总而言之,桑德湾沉船是五大湖商业航运在过去200年间发展的一个'缩影'。" (NOAA,1999:3)密歇根州桑德湾地区的卫星照片如图2-2所示。

可行性研究过程中开展的其他研究认为,桑德湾沉船是更广泛的海洋文化景观的一部分(见图2-3和图2-4),这些研究的内容包括美国原住民的内陆沿海渔业、海洋运输业、皮毛贸易、欧洲人的殖民活动、灯塔和救生站、商业捕鱼、伐木水运、海岸矿业、船运和沿海贸易、沉船打捞、沿海社区发展和当代海洋娱乐。这在《桑德湾国家海洋公园环境影响评估和管理方案报告》(Final Environmental Impact Statement and Management Plan for the Thunder Bay National Marine Sanctuary)(NOAA,1999)中被描述为保护区的背景环境。

在为保护区制订包括资源保护、研究、教育和娱乐业开发在内的管理战略的过程中,海洋文化景观会是一个重要的概念框架(NOAA 1999;Vrana and Schornack,1999)。尤其是对文化景观的基础信息的收集,有助于制订:①保护区

图 2-2 密歇根州桑德湾地区的卫星照片(1993 年)

图 2-3 探索桑德湾国家海洋保护区和水下保护区的舷
侧蒸汽机船新奥尔良号(沉没于 1849 年)

（资料来源:海洋和水下资源管理中心,
摄影:K.弗拉纳）

图 2-4 对桑德湾国家海洋保护区和水下保护
区的历史沉船新奥尔良号的考古调查

（资料来源:海洋和水下资源管理中心,
摄影:K.弗拉纳）

内的水下文化资源的管理策略；②区域内博物馆和游客中心对公众讲解的主题；③当地学区内的文化遗产教育课程体系；④将游客和本地居民社区囊括在内的实践性、综合性的社会/文化研究。这些信息还有助于确认那些不在保护区内但需要保护和管理的历史和考古资源。

2.6　挑战和机遇

正如本章文献和实践简要回顾所指出或暗示的，在五大湖保护区应用海洋文化景观的概念，过程中将存在许多挑战和机遇。在接下来的篇幅里我们将列举这些挑战和机遇。关于沉船和其他水下文化资源的研究及管理工作的议题在《史前和历史文物保护技术》(*Technologies for Prehistoric and Historic Preservation*)(U.S. Congress，1986)中已有总结。实施中遇到的挑战包括：

(1) 将海洋文化概念落实到严谨的社会和文化研究当中。

(2) 应对文化景观的综合性，包括收集和处理大量数据与信息。

(3) 通过发展多学科和交叉学科的方法来对海洋文化景观进行调查、评估和管理。

(4) 确定海洋文化景观的边界，以便在管理中实际应用，但可能与既存的行政区划分或者是居民社区的边界不一致。

(5) 争取公众对一个复杂概念框架的理解和支持。

(6) 让当地各个利益相关方实质性地参与海洋文化景观的设计、规划和管理，以确保随着时间推移这些景观具备一定程度的可持续性。

尽管存在这些挑战，但我们也有可能从这个概念中取得重大收益。在研究和资源管理领域全面应用海洋文化景观概念时可获得的机遇包括：

(1) 更深入地分析海洋文化，将重点放在生物和非生物资源各方面之间的联系和关系上。

（2）将过去的文化与当前社区的需求相结合，以便在未来更好地保护、管理和维持景观。

（3）在保护区、博物馆和游客中心内就这些联系和关系对公众开展有意义的宣教活动。

（4）为景观区内的公私合作提供更强有力的基础。

（5）提供一个分析社会-文化意义的地理学框架，以及为有限资源如何分配给研究和资源管理的决策提供研究基础。

（6）对拥有海洋和沿海资源的地理区域是否应指定为保护区和遗产区进行更为系统的评估。

（7）更加系统地评估现有保护区在保护和管理海洋文化资源方面的成果。

此外，海洋文化景观的概念提供了将研究和资源管理与自然科学和社会科学中日益倡导的生态系统和生态系统管理这两个看似对等的概念结合起来的机会。生态系统公认的定义是"一个相互影响的不同物种的群落，它们与物质和能量的非生命环境相互作用"（Miller，1998：97）。生态系统管理可被定义为"综合生态、经济和社会原则，以保护景观的生态可持续性、自然多样性和生产力的方式对生物和物理系统进行管理"（Wood，1994：6）。

景观和生态系统的概念暗示了未来更全面、更综合的研究和资源管理方法。这些概念还为不同学科和领域的合作、彻底改变资源管理行为提供了共识基础。这种合作对于维持我们的海洋文化以及这些文化的物理和生物学表现是必要的。

第3章 加拿大水下遗产的文化资源管理经验

丹尼尔·拉罗什[①]

3.1 引言

多年来,加拿大公园管理局(Parks Canada)的考古学家们不但致力于向专业潜水员开放各个水下文化遗产遗址,还努力向其他人群提供相关的文化解说服务和产品。本章回顾了若干与直接公共访问相关的项目。结合水下文化资源日常管理中所面临困难的概述,可以明显看出,加拿大的经验在许多方面都是正面的,但仍有困难需要解决。

21世纪无疑是回顾加拿大水下文化资源的复杂情况、资源管理和展示的好时机,并提出新的想法来激励水下文化资源管理领域获得新成就。21世纪初加拿大经济曾多次衰退,迫使加拿大各级政府削减了经费预算和人力资源投入。与此同时,联邦公共部门进行了重组,类似加拿大公园管理局这样的政府机构"应运而生"。

缺乏专门保护沉船和水下文化资源的法律法规,也对加拿大的水下遗产现状有一定影响。综合来看其问题在于,在协调联邦、省和地区各级的管辖权时,很难

[①] 丹尼尔·拉罗什,加拿大公园管理局,通信地址为加拿大魁北克省赫尔市埃迪街25号6楼(2S-6-W)177室国家历史遗迹考古服务处。

不侵犯任何一级的权利。水下考古领域的专家人数不足,也影响了公众对加拿大水下文化资源的认识水平。例如,加拿大公园管理局拥有一支由 8 人组成的考古小组,他们承担着整个国家公园和历史遗迹系统内遗址的调查、研究和监测工作。在各省中只有安大略省有一名考古学家管理该省管辖范围内的水下资源;此外,他还要培训业余潜水员,并为水下文化资源保护项目提供建议。

尽管加拿大水下文化资源丰富,但可供公众有组织地直接探访的遗址和历史遗迹相对于加拿大的国家规模来说实在寥寥无几。加拿大目前处理考古资源的方式导致为管理水下文化资源创建水下保护区、水下公园或者开发游览线路都面临重重困难,哪怕对于已经列入国家公园系统名录的资源也是如此。

尽管如此,也有一些成功的项目,本章简述了在国家公园和国家历史遗迹系统中可以找到的最好的案例。此外,本章也提及了加拿大公园系统之外进行的一些成功实验。本章最后的着眼点在于为更好地向公众传播文化遗产信息,相关管理者可以做出哪些改进。

3.2 公众在加拿大公园管理局讲解中心接触水下发现的传统方式

传统上,公众参观历史遗迹是通过公园管理局讲解中心进行的。这些中心一直是传播陆地和水下考古遗址相关知识的重要途径;至今它们在系统中依旧十分重要。例如,在对法国护卫舰马绍号(Machault)、红湾的巴斯克捕鲸船(Basque whaler)和菲普斯船队(Phips vessel)的大规模抢救性发掘中,都发掘出了来自那些时代的信息和文物。这些信息在讲解中心得以利用,并且有时候会为博物馆文物鉴赏知识普及作出贡献。在发掘期间,受可达性、能见度和复杂性方面因素的制约,不允许公众探访这些水下考古遗址。尽管它们在结构遗存和文物的研究方面拥有巨大潜力,但仍被认为不适于现场展示。

事实证明,由此产生的博物馆类型展品有助于显现考古学家的作用,并为相关学科提供陆地考古遗址未发现的大量独特文物。例如,红湾的巴斯克捕鲸船遗址首次向世人展示了一艘完整的 16 世纪"查鲁帕"①(chalupa)捕鲸船(见图 3 - 1),它可以被保存、重建并在展览中展出。相应的细节永远无法在原址上被访问、观看和重建。

图 3-1 红湾讲解中心的"查鲁帕"

(资料来源:加拿大公园管理局,渥太华,P.沃德尔拍摄)

显然,在传播知识和展示发现的实物证据方面,水下考古文物和细节方面的传统展示方法将继续作为非常重要的渠道。但随着用于考古发掘、保护和展示的人力及财力资源的减少,现在是时候更加重视资源的原址展示了。

3.3 直接向公众开放的路易斯堡港

1961 年,加拿大交通部授权新斯科舍省路易斯堡港建立了第一个水下文化保护区。当时,港口区域禁止潜水,而加拿大公园管理局在当时是考古咨询机构。建立水下文化保护区旨在保护英法战争期间围攻事件中遗留下来的 18 世纪的战

---

① 译者注:查鲁帕,秘鲁的一种渔船样式。

舰残骸。这一时期的相关文件曾记载有 4 艘大型船只遭到损毁,目前所有船只都已找到。这是目前唯一已知的当时在北美的 64 炮级和 74 炮级的法国战舰实例。尽管其中 3 艘船水线以上都已遭到焚烧,但沉船残骸上许多特征仍跨越时间的鸿沟被保留了下来。它们可能对了解当时的船舶建造工艺、物质文明和船上生活提供相当大的帮助。直到 1986 年,加拿大公园管理局的水下考古学家才对这些沉船进行了彻底调查(Stevens,1994)。在完成调查和归档工作后,水下考古部门分析了可能的管理方案,并建议以最可持续的方式管理这些沉船,即将其留在所处的自然环境中(Grenier,1994)。促使水下考古学家提出原址保护方案的一个重要原因是他们会在当地创建一座包含原址遗迹的水下博物馆。水下博物馆的建立给大众提供一种非同寻常的体验方式,让人们可以直接接触到真正的或未被触及的考古资源(见图 3-2)。从 1987 年开始,加拿大交通部港务长负责对已开发的遗址和水下博物馆授权有限制的访问,并建立了一套许可证制度,向潜水旅游经营者发放限定数量的许可证。指导规范由加拿大公园管理局制定,任何潜水旅游经营者在申请许可证时都必须签字同意。

图 3-2 切莱布雷号(Célèbre)遗址上的加农炮

(资料来源:加拿大公园管理局,渥太华,D.佩吉拍摄)

近三十年来,这些遗址的管理总体上对其本身产生的影响是积极的;最初的发掘和后续的评估表明,人类的"侵入"和"打扰"对遗址造成的影响微乎其微。考古记录包括侧扫声呐港口测绘、两幅遗址现场示意图(见图 3-3 和图 3-4)、照片和录像,以及现场文物清单和遗址环境影响报告。对易碎材料的取样和发掘非常有限,尽管加拿大公园管理局起初的主要关注点是不同遗址中的文物安全,但现在已经转而采用一种更加全球化的管理方法,安全只是其中的一个考虑因素。由于这个港口过去和现在都没有被列入附近的国家历史遗址名单中,所以公园管理局方面很难保证对遗址的监管保护。1996 年,这些遗址被认定对国家历史具有重要意义。然而,这种认定并没有给遗迹带来任何程度的保护。现在,安全问题仍然要仰赖旅游业经营者的责任心,这种状况在遗址被纳入公园范围前都不会有所改变。这些遗址已经开放了 12 年有余,至今保存状态依旧良好。尽管由潜水员带来的访问压力似乎可以忽略不计,但遗址管理方还是建立了一个监测系统,用于监测自然腐化情况和人为干扰带来的影响。

图 3-3 切莱布雷号遗址艺术复原图
(资料来源:加拿大公园管理局,渥太华,C.皮勒绘制)

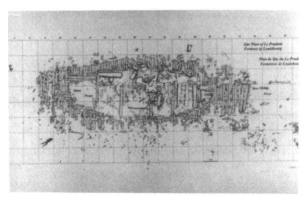

图 3-4 谨慎号(Le Prudent)遗址平面图
(资料来源:加拿大公园管理局,渥太华,D.拉尔森-卡普勒绘制)

3.4　路易斯堡港的公众开放项目和设施简述

从 1987 年到 1997 年,18 世纪的切莱布雷号军舰遗址是路易斯堡港唯一可以进行潜水游览的遗址。潜水旅游经营者会清理覆盖在遗迹上的海藻,保证游客可以接近。任何想参观这个地方的潜水爱好者都必须联系一家拥有许可证的公司获得向导和船只服务。指导方针要求潜水项目经营者向潜水爱好者说明保护资源的重要性,以及在参观过程中要遵守的规则。潜水爱好者还要对遗址的任何人为损坏负责。潜水旅游经营者要接受航海考古学会(NAS)的考古培训,以提高他们的考古意识和知识水平,同时为参观者提供信息服务仍然是他们的职责。客流量在开业的前几年达到顶峰,但并没有持续太久。1995 年到 1999 年的统计记录显示,进入遗址的潜水爱好者总数从 135 人急剧下降到 27 人。虽然 1999 年是开放所有已知沉船(谨慎号、企业号和卡普里修号)潜水参观的第一年,但到访者未见增加。

1995 年,生态新星公司试行了一套试验性的促销活动方案(见图 3-5)。生态新星是一家私人生态旅游公司,该公司试图将学习体验纳入其向欧洲潜水爱好者提供的旅游套餐中。这个方案是在路易斯堡港的切莱布雷号沉船上开设航海考古学会课程的第二部分(实践调查课程)。加拿大公园管理局同意提供记录网格,并监督学生完成作业。加拿大公园管理局还同意在其位于路易斯堡国家历史遗址的研究所中举办关于 18 世纪物质文明的研习班。不幸的是,只有一小部分人最终参与了体验课程,而后整个项目很快就被放弃了。

游客人数的下降和尝试增设培训课程的失败都表明,有必要重新评估这些资源的管理模式。具有国家历史意义的路易斯堡水下遗址的游客减少,其原因并不在于资源本身的价值或保存状况,而在于外部因素。对过去的潜水员和潜水档案进行分析,必然有助于厘清潜水人群过去是什么样的,现在又是如何,也将会有助

图3-5 野外调查技术国际研习班的宣传册

（资料来源：哈利法克斯城生态新星公司）

于管理者制订新的策略。

　　此外，由于路易斯堡港仍由交通部管理，因此加拿大公园管理局最终不得不重新担负起资源共同管理者的角色。这些沉船遗迹也可能被纳入国家历史遗址的谱系之中，这肯定会让它们拥有国家甚至国际地位，有利于提供适当的保护措施,并确保向游客提供到位的服务和有吸引力的项目。任何新项目都必须将关注点放在对资源的维持和保护上。与此同时,为潜水旅游经营者和他们的游客设计一个集成信息包将会卓有成效;通过这种方式,保护区的信息和导览过程中的科学以及历史内容将会被标准化、最大化,并能保证在不同团体之间取得平衡。

3.5 直接向公众开放的五英寻国家海洋公园

1987 年,五英寻国家海洋公园(Fathom Five National Marine Park)被安大略省移交给国家公园系统,成为加拿大第一个国家海洋公园。该公园最初由安大略省设立,目的是保护一批受盗捞者威胁的热门沉船。该公园现在按照海洋保护区(marine conservation area,MCA)进行管理。该公园的主要任务是保护自然的、能够自我调节的海洋生态系统,这一系统对维护生物多样性十分重要。在加拿大,保护和养护有代表性的海洋区域的原则已被纳入加拿大政府正在批准的一项立法中。现行的加拿大公园管理局按照其文化资源管理政策对这些地区发现的所有文化资源进行管理的政策将继续有效。这项政策有助于指导资源的管理方式(Parks Canada,1994)。

五英寻国家海洋公园内有 28 艘沉船,涵盖了 19 世纪后半叶在五大湖上常见的大部分类型的商船。加拿大公园管理局的考古学家已经清点了大多数船只(Ringer and Folkes,1991),其中 13 艘是帆船,包括 9 艘多桅纵帆船和 4 艘类型不明的帆船,还有用于当地商业捕捞的 4 艘汽船和 4 艘蒸汽拖船,另有 7 艘船仅经过探查尚未经具体调查。沉船处于不同的环境和深度,可提供不同的学习体验。大多数遗址的能见度都很好,但光线会随深度的变化而变化,从而影响能见度。历史沉船是保护区内最重要的,也是仅有的水下文化资源。没有一艘沉船被认定对国家历史具有特别重大的意义,这意味着所有资源都具有同等价值,应得到相同水平的保护。由于大多数潜水活动都与沉船有关,因此公园建立了一套监测系统,用于评估自然和人类活动对资源的影响(National Historic Sites Directorate,1993)。

目前对大多数沉船遗迹都没有通行限制,而赌金号(Sweepstake)却是例外。这艘小型纵帆船只允许潜水员和玻璃底游船按时间表访问。这一特殊遗址引起了加拿大公园管理局的特别关注,因为它处于容易抵达的位置,潜水或者乘坐玻璃底船都可以到达。这艘船位于避风、能见度高、靠近湖岸的浅水水域,船体的保存状况良好,这些因素让它广受大众喜爱。不幸的是,自然因素和人为扰动已让它的结构发生改变(见图3-6)。公园举行了公众咨询会,决定是否采取干预手段,以规范探访,同时加强和稳固船体,禁止游客进入船内。公众咨询会有助于确认当地企业和潜水团体的意愿,同时确定在《文化资源管理政策》的框架下哪些行为是可接受的。大部分建议都被采纳了,人们依旧可以探访沉船,但方式会受到更多约束。

图3-6 赌金号的船首景象

(资料来源:加拿大公园管理局,渥太华,D.佩吉提供)

任何影响五英寻水下文化资源的决定都会对7 000~8 000名潜水员产生潜在影响,他们每年的潜水次数达到30 000次。相比之下,每年大约有40 000人体验公园开放的乘船游览项目。然而,只有潜水游览似乎才能充分体验水下环境的立体特质。在最近几年中,尽管诸如潜水租船、气瓶充气、设备租赁和急救医护等优质服务仍然可用,但潜水员注册数已经趋于稳定。现在的问题是要确定哪些项目是可以保留,哪些是需要改进的。

3.5.1　与文化资源相关的公众开放项目和活动

五英寻国家海洋公园目前提供:

（1）一个小型展览中心,由加拿大公园管理局运作,展出关于水下自然和文化资源的基本内容。

（2）一支由私人运营的玻璃底游船船队,提供对浅水区几艘沉船的参观服务。

（3）可从岸上利用通气管浮潜抵达的遗址,无须向加拿大公园管理局登记。

（4）潜水（部分受控）。这是最常见的与沉船探访相关的活动,参加这项活动意味着潜水员必须每年至少登记一次以获得潜水资格。当潜水员登记并支付费用后,加拿大公园管理局会提供基本的安全操作指导意见,以及资源保护方面的道德准则指南（建议很简单,例如不要在遗址处抛锚,避免进入和接触水下资源）。

（5）探访以系泊浮标标记出的沉船遗址。

（6）提供印有沉船信息的宣传册。

（7）标示并简要描述沉船遗址的网站: http://parkscanada. pch. gc. ca/parks/ontario/fathom_five/english/dive_sites_e. htm。

3.5.2　五英寻国家海洋公园改进和开发新项目的前景

五英寻作为加拿大历史最悠久、造访人数最多的海洋公园,理当引领新的实践,向公众传递更多公园内文化内容。当地于 1998 年制订的管理计划中就认识到,有必要向潜水员普及更多关于遗址文物的知识。其中一项建议是与其他机构建立合作关系,提供更多的服务。

目前尚无须担忧探访遗址的潜水员数量的减少,但有必要重新审视公园与参观历史沉船的潜水员之间的互动关系。鼓励潜水员去探寻每一艘历史沉船的细节(航海技术、事件等)可能是一个可行的途径。例如,制订一些调查问卷表,这会有助于潜水员将注意力放到运动挑战之外的细节问题上。

3.6 省属资源和地方资源的公众开放

哪怕在省和地区的管辖范围内没有水下保护区或公园,地方考古立法仍会有助于水下文化资源的管理。数个登记在册的受保护遗址属于省级管辖(新不伦瑞克省 2 处,不列颠哥伦比亚省 2 处,魁北克省 1 处),它们为培养潜水员考古意识和学习历史文化提供了机会。

尽管各省和地区的合法机构有限,人员不足(如仅一名全职水下考古学家),但仍然有所作为。一些主要来自安大略省和不列颠哥伦比亚省的同好团队发出了号召,试图规范自身的成员和其他潜水员的行为。他们经常在政府部门的支持下,在水下文化资源所在地(主要是沉船)开展各种活动。例如,他们所开展的对已知遗址的状况进行无干扰记录、规范可接近遗址的系泊流程、对大面积水域进行勘测等活动已被证明是成功的,加拿大各地的许多潜水员都参与其中。在安大略省,"拯救安大略沉船"组织在省政府的支持下出版了一系列宣传册,并在该省一些受欢迎且容易潜水抵达的遗址处对浮标进行维护。这些活动成功地提高了公众对水下文化资源的认识水平,对安大略省沉船资源的盗捞几近消失也得益于此。

3.7 结语

现今,加拿大公园管理局在努力发掘许多重要的水下文化资源的教育潜力。

人们对水下文化资源了解太少,公众能直接接触到的开放遗址也不多。现实是,加拿大是个幅员辽阔、人口稀少的国家,这里气候恶劣、水域寒冷、潜水季节短,许多遗址在深水区,而且位置偏僻。

尽管如此,加拿大水下资源的公众开放项目可以做得更好——前提是解决一些基础性问题。这些问题包括:

(1)在联邦一级立法保护沉船和水下文化资源。

(2)鉴于被称为国家海洋保护区的自然保护区已经存在,现在应当创建水下历史保护项目。

(3)潜水设备昂贵,所以要提供更多设备租赁服务。

(4)增加用于文化资源管理的预算。

(5)增加全职专业人员数量。

(6)在大学中推出水下考古领域的专门课程。

克服这些挑战之后,根据加拿大公园管理局的文化资源管理政策,将有可能提供更直接的向公众开放的水下资源。通过合资企业进行管理也给现在的资源管理模式提供了新的可能性,未来也会对水下遗产的管理和保护提供新的路径。

第二部分

保护区和公园

第二部分重点介绍了水下考古保护区和公园,特别是特定的遗址或集中的遗址群。这几章介绍了创建水下考古保护区或公园的实际要素,如授权立法、发展伙伴关系和制作说明材料;最重要的是作者们阐述了努力创建、维护和扩大水下考古保护项目中实用且多样的经验。

苏珊·B.M.兰利(Susan B.M. Langley)介绍了马里兰州的第一个历史沉船保护区,即第二次世界大战期间沉没在切萨皮克湾的一艘德国潜艇残骸。随后,兰利关注并分析了马里兰州水域数个潜在保护区的开发情况。在强调资源保护的同时,马里兰州的环境条件和法律影响往往阻碍了公众更多地接触水下文化资源。尽管存在这些局限性,州官员仍在与私人利益相关方合作,寻求最大限度地利用该州海底遗址的方法。

理查德·W.劳伦斯(Richard W. Lawrence)主要讲述了位于北卡罗来纳州历史沉船保护区的美国海军休伦号舰艇的残骸。该艇于1877年失事,造成重大人员伤亡。如今沉船所在地已成为一个相当受欢迎的考古保护区。作者叙述了这艘舰艇的历史,详细介绍了创建保护区的步骤,包括为运动潜水员提供参观的水下通道、为陆上游客提供信息。

菲利普·罗伯逊(Philip Robertson)讲述了一位当地企业家试图在英国沉船立法框架内开展工作,使公众有机会接触苏格兰海域的两艘沉船。在讨论了管理英国沉船的法律机制之后,作者详细介绍了为鼓励潜水游客进入沉船而制订的游客计划。罗伯逊分享了这两处遗址的相关案例,以期在全英国范围内找到更多适合实践游客计划的沉船。

亚瑟·B.科恩(Art B. Cohn)介绍了位于佛蒙特州尚普兰湖的水下历史保护项目。这个独特的项目旨在平衡潜水员和考古学家的需求,前者希望参观这些保存完好的淡水遗址,后者希望保持其原始状态并记录这些遗址。本章详细介绍了佛蒙特州保护区创建的实际构成和该项目的后续扩展,以及对外开放后公众进入脆弱遗址的管理问题。

德拉·A.斯科特-艾尔顿(Della A. Scott-Ireton)考察了佛罗里达州水下考古保护区的持续发展。这些保护区遍布全州,是州机构和地方社区各实体之间合作的直接结果。佛罗里达州保护区系统在很大程度上依赖这样的伙伴关系来分担管理责任,并增强个体社区对水下遗产的管理意识和自豪感。作者详细叙述了利用过去的经验创建保护区的标准化的方法,并根据当地反映的情况进行必要的调整。

约翰·R.哈尔西(John R. Halsey)和彼得·林德奎斯特(Peter Lindquist)探讨了密歇根州水下考古保护区的发展。作者特别介绍了一项创新计划中使用玻璃底游船方便公众能够透过玻璃观赏苏必利尔湖的数处沉船遗址。玻璃底游船是当地企业家开发的一项游览业务,可让数千名非潜水员参观以前只有潜水员才能探访的沉船。

第4章 马里兰州历史沉船保护区

苏珊 B.M.兰利[①]

4.1 引言

目前马里兰州已经拥有一处历史沉船保护区,另一处位于锦葵湾,正处于收购和规划阶段,同时,圣玛丽城旧址和眺望角也在考虑中。第一处保护区内仅有一艘德国潜艇 U－1105;第二处保护区内则有 130 多艘沉船,多数建造于第一次世界大战期间;其他保护区选址会考虑马里兰州首个正式定居点(建于 1634 年)和波托马克河口处内战集中营与医院附近的海洋与陆上遗存。本章主要介绍现有的保护区,涵盖保护区的创建、公众对保护区的态度、过去和现有问题以及解决方案。同时,本章还将涉及规划中的其他保护区。

4.2 U－1105 历史沉船保护区

第二次世界大战(以下简称二战)后期,德国处境不利,潜艇遭受重创。只有不

---

① 苏珊 B.M.兰利,马里兰州水下考古学家,通信地址为马里兰州克劳斯维尔市社区广场 100 号马里兰州历史信托基金会,21032.

到 10 艘潜艇在船壳和内部中空处涂装了一层可能产生共鸣的橡胶涂层（Pohuski and Shomette，1994）。这种能够有效避开声呐侦测的早期隐形技术在 1939 年即为人所知，被称为阿尔韦里奇处理（Alberich process）。虽然最初这项技术的成本很高，但 1944 年已经开始广泛投入应用（Keatts and Farr，1986；Stem，1991）。U‑1105 便是涂装这种橡胶涂层的船舶之一，也是目前仅存的一艘此类船舶。

二战末期，德国投降后，这艘潜艇留在美国用作进一步研究。冷战期间，它被用于爆破试验和打捞测试。1949 年 9 月，潜艇在波托马克河外的皮内角处沉没，因坐标错误，最终沉船位置无法确定（见图 4‑1）（Pohuski and Shomette，1994）。之后，1985 年休闲潜水员重新定位了 U‑1105 的位置，但并未对外公布这一消息，直到 1987 年一本流行潜水杂志刊登了这则消息（Keatts，1992）。

图 4‑1　1949 年 9 月 19 日 U‑1105 在爆破试验之前、期间和之后（自上至下）的照片
（资料来源：华盛顿特区海军历史中心）

在此之后，在政府和企业的共同努力下成立了 U-1105 历史沉船保护区。很多潜水员担心沉船遗址的安全性和完整性，因为他们非常了解其他沉船遗址（如北卡罗来纳州的 U-352 潜艇）的开发速度。同时，他们也明白，近期通过的《被弃沉船法》及其指导方针（1990 年 12 月 4 日）鼓励各州根据当地的海事计划修建遗址公园和保护区。因为马里兰州历史信托基金会（MHT）启动了"马里兰州海洋考古计划"，考古办公室和很多工作人员会直接参与公开会议，或至少了解这项计划的存在（Annotated Code of Maryland Article 83B）。为此，当地潜水爱好者联名向州历史保护区官员 J. 罗德尼·利特尔（J. Rodney Little）正式提出了成立保护区的请求。

U-1105 虽然位于马里兰州海底，但属于美国海军。幸运的是，海军一直是国防部门中最活跃的分支机构，可以利用国防部遗址资源管理项目的资金来定位、记录、保存和保护该沉船遗址。认识到遗址的重要性和其所面临的威胁后，海军迅速与马里兰州展开合作，对遗址进行评估，并为保护区的修建提供资金，同时加强了对相关文物的保护。这些文物也是由发现 U-1105 的潜水员发现的。此外，马里兰州与附近的圣玛丽县签署了备忘录，他们将协助开展遗址探测工作，组织文物展览和讲解活动，发放宣传资料。潜水协会成员最初是个人和企业（如迈克尔·波胡斯基、海洋殖民地水上运动公司），现在已经发展为由非营利组织海洋考古与历史协会（the Maritime Archaeological and Historical Society）运营。按照美国海岸警卫队的要求，该协会需在开放期（4 月至 11 月）协助开展月度监测，同时负责在每个季度部署并维护系泊浮标。

成立 U-1105 历史沉船保护区时，当初预想的问题都没有发生，一方面可能因为它成立的速度很快，另一方面是因为当时不存在司法管辖权问题。海军的所有权不容置疑，任何盗窃、破坏和其他犯罪行为都属于重罪，会依据 1979 年的《考古资源保护法》和《联邦盗窃财产法》进行处罚；这些法律比各州的同类法律更严格。在各州法律框架下，这些行为都是轻罪；通过宣传册、网站和系泊浮标来宣传沉船的状况，也能够在一定程度上对犯罪行为产生抑制作用。自 1995 年 5 月 8 日以来，仅在保护区开放后的 2 至 3 个月内发生过一起破坏行为。

U-1105 历史沉船保护区曾考虑实施包括环绕遗址设置导向绳、制作防水地图等一系列遗址导览措施。但这些措施最终都被否定了，因为绳索可能会缠绕在一起，水下能见度太低，强劲的水流也可能把防水地图冲走。除了用密闭门替换了被潜水员移除的主舱口外，目前遗址没有新增任何设备。目前，该舱口被海军外借给皮内角灯塔博物馆进行对外展示。后来，一块 1.5 英寸①厚的钢片替换了密闭门，防止水下参观者因进入潜艇内部而被困。目前潜艇舰桥以下的部分全部被掩埋，内部充满沉积物。虽然州政府充分考虑了各种潜在的风险，但依然没有放松警惕。

马里兰州总检察长办公室更希望完全不向公众开放该保护区。但国家规定，必须向公众开放水下文化资源。马里兰州总检察长办公室要求将遗址定义为"历史沉船保护区"而非"潜水保护区"，强调设立该保护区的主要目的是保护资源。安装系泊浮标同样是为了保护 U-1105 的船体结构不受破坏，并确认海军对这艘潜艇的所有权。浮标上用文字形式清晰地标注了保护区内洋流很强、水下能见度较差，基于上述因素和可能出现偏航的问题，该州不提供任何进入保护区的水下通道，公众仅可通过乘坐游船靠近保护区。马里兰州和弗吉尼亚州的部分潜水商店、个人和包船船长曾带观光潜水员参观遗址，或为特定培训或安排这些培训的团体提供包船服务。仅有一家商店周期性营业，不过这家商店早在 1998 年就关闭了。军队和警方潜水员将该保护区用作培训基地，每年会有一组人员前往 U-1105 历史沉船保护区进行训练。

该保护区的文物讲解形式和文化遗产旅游形式因参观群体而异。在保护区工程竣工前两年，主管部门在皮内角灯塔博物馆举办了展览宣传 U-1105 历史沉

---

① 译者注：英制长度单位，1 英寸 = 2.54×10^{-2} 米。

船保护区,同时通过圣玛丽县与公园管理局的博物馆部、美国海军历史中心和马里兰州历史信托基金会的宣传册进行推广。1997 年 6 月,圣克莱门特岛波托马克河博物馆组织了巡回展览活动;同年,马里兰州历史信托基金会创办了网站www.MarylandHistoricalTrust.net,后者为全球公众提供 U‐1105 历史沉船保护区的相关数据,包括说明材料和文物信息。这些措施有效地避免了资源的意外损失和自然损耗,还为除潜水员外的个人、家庭、残疾人和研究人员提供了相关信息和数据。

同时,主管部门采取了监控措施,包括在浮标和宣传册上印刷提示信息,要求进入保护区的游客在到达和离开保护区时通过无线电或以面对面的形式向圣克莱门特岛波托马克河博物馆或皮内角灯塔博物馆登记。申请进入保护区时须填写联邦、州或县主管部门和马里兰州历史信托基金网站提供的保护区使用表格。同时,博物馆工作人员会定期直接监测该遗址,如发现未提前向美国海岸护卫队提出调查申请而直接进入保护区的船只,会立即通过无线电劝离该船只。

由于沉船位置相对偏僻,博物馆成了旅游"目的地"。游客到这里的终极目的或唯一目的便是参观博物馆。很多游客来这里是为了参观灯塔,经过马里兰州历史信托基金网站的宣传,为 U‐1105 吸引了更多游客。游客的到来给博物馆礼品店带来了收入,但管理者很难评估保护区的开放对当地经济带来的具体影响。因为当地只有一个加油站、两家餐厅和几处游船码头,很难形成旅游经济。不过,必须指出的是,游客可以通过波托马克河弗吉尼亚河段经由水路抵达保护区。

除了交通问题之外,影响保护区宣传和监控的另一项难题在于,弗吉尼亚州和马里兰州的分界线位于波托马克河弗吉尼亚河段的涨潮中位线,而非河流的中心区域。因此,这处遗址虽然毗邻弗吉尼亚州,但最终还是划归马里兰州。U‐1105 沉船遗址本身虽然不涉及边界问题,但对其他资源的管理工作还是需要两州合作。这个问题在其他州并不突出。

很多游客在到访参观时并未填写保护区使用表格,导致管理者无法收集更多的统计数据,包括游客数量,潜水员的性别、年龄和兴趣等。马里兰州历史信托基金网站根据公众的点击量、信息反馈以及对宣传册的感兴趣程度等提供一定范围的信息(见图4-2)。目前最大的问题是缺乏信息反馈。马里兰州没有通过保护区入口或其他登记流程控制游客进出保护区,因此也不可能通过其他方式要求他们填写表格,进而无法借此收集统计数据。唯一的管理办法便是按季度移走浮标,但这种措施并不能阻止游客通过搭乘船舶和利用声呐测深仪靠近沉船。此外,博物馆在冬季开放时间缩短,导致无法对保护区进行规律的日常监控。

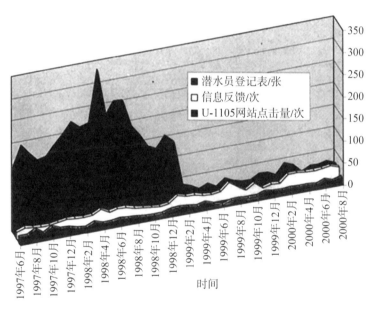

图4-2 U-1105历史沉船保护区的信息反馈和网站点击量等信息统计图表
(资料来源:马里兰州历史信托基金会的 D.库里)

但这并不是说马里兰州历史信托基金没有听取公众意见。公众可以致电办事处、发送电子邮件、联系考古和休闲潜水遗址的工作人员,获取他们需要的信息,或谈论他们的潜水和日常经历,寻求将他们的个人网站链接到马里兰州历史信托基金网站的许可等。同时,工作人员也需要尝试从他们那儿了解相关信息:

他们什么时候参观的遗址？共有多少名潜水员？年龄和性别？在哪里吃住、补给潜水物资？是单纯为了参观保护区而来还是有其他参观目的地？是否有商务活动等。很多人因为偷懒没有提供信息，连电子表格都没提交。少数人出于个人隐私保护目的，拒绝提供信息，哪怕政府部门已经明确表示该数据仅用于筹集维护资金。除了这个问题外，公众对保护区整体的参观反馈均很好。

U-1105 历史沉船保护区很成功，实现了保护资源这一主要目标，同时为公众提供了参观渠道。潜水员可以参观保护区；公众（包括非潜水游客）可以在附近的博物馆或通过网络观看 U-1105 浮在水面和沉没水下的历史和现代影像，也可以观看文物与模型。网站访问量取决于其他俱乐部或组织机构是否切断了与马里兰州历史信托基金的网页链接（通常是服务器变更的结果），媒体上的时事新闻、近期的公众讲座和出版物，或与潜艇有关的书籍、展览的推出都是关注点。整体来说，公众对保护区的兴趣不断提高，但获得有效的反馈仍然是管理者首要关注的问题。

4.3　锦葵湾

向公众收集了建议和请求后，马里兰州决定在查尔斯县锦葵湾的波托马克河上游规划第二处历史沉船保护区。这里有 130 多艘沉船，有些是独立战争期间留下的，多数可以追溯至 20 世纪第一次世界大战（以下简称一战）期间建造的木质蒸汽船（见图 4-3）（Shomette，1996，1998）。有些沉船则是大萧条时期留下的，如四桅纵帆船艾达·S. 道号（Ida S. Dow）。这艘船来自新英格兰地区，是当地打捞队的宿舍。有些沉船则是被遗弃的，作为处置废弃船只的地点，很难注意到这里多了一艘船。沉船中年代最晚的建造于二战期间。锦葵湾沉船展示了不同时期、不同风格的船只，其中既有蒸汽帆船，也有金属外壳渡轮（同类船只中仅存的一艘），各类渔船和工作船，商用和军用船只，以及更普遍的木制驳船。很多船都

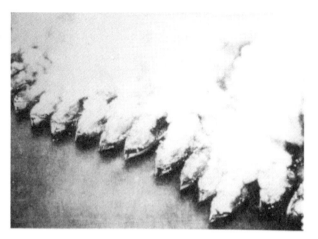

图4-3　第一次世界大战的木制蒸汽船在等待处理时在波托马克河起火,后来许多船被集中到锦葵湾
（资料来源:马里兰州所罗门斯的卡尔弗特海洋博物馆,弗雷德里克·蒂尔普藏）

暴露在水面上,也有部分沉船仅在退潮时才能浮出水面。

　　虽然所有沉船和海底土地都归国家所有,但保护区的修建并非易事。马里兰州历史信托基金会必须与马里兰州自然资源部共同管理锦葵湾,前者的职责是建造公园和保护区,但这些区域的划定权则归属于后者。虽然这不是大问题,但依然值得注意。

　　此外,导致规划延期的原因是附近的土地收购。锦葵湾一直被私有土地包围,虽然在这种情况下不排除建立一个只有水路通道的保护区,但游客游览时对周边土地的非法入侵,如上厕所、进行野餐活动或拍照等不可避免。此外,如果保护区内没有陆地,主管部门就无法对保护区进行监控,也没有办法阻止破坏行为或开展沉船讲解服务,更无法保证游客的安全。由于遗址内水域较浅,无法进行潜水活动,保护区建成后,会允许游客登上沉船进行参观,这不可避免地会导致文物损坏和游客受伤概率的增加,如果没有陆地就无法及时呼叫紧急援助或开展基本的急救工作。

　　尽管最近的公共渡口和洗手间以及通往河道的入口都在波托马克河上游

8 英里①处,但随着文化遗产旅游的兴起,皮划艇和独木舟之旅的数量每年都在增加。逆流而上对很多强壮的桨手来说是一次绝佳的旅行体验。由于锦葵湾水域较浅,退潮时沉船就会露出水面,更适合使用皮划艇和乘坐独木舟观光。船体和其他沉船部件上有突出的尖锐结构,因此不适合使用充气船。大船只能通过一处单路驶入,无法靠近大多数历史沉船。不过游客可以在保护区进行其他活动,比如钓鱼、观鸟。

除了水中的历史沉船外,周边陆地上还有其他各类遗址(包括美洲土著遗址、内战时期遗址、大萧条时期遗址)。因此,除了前面提到的交通原因之外,保护和宣传这些遗址同样需要征地建立陆上保护区。此外,这里是淡水和咸水的交汇处,自然资源丰富,很多濒危物种在此地繁衍生息。查尔斯县的旅游和教育业从业人员已经找到了几处适合开展休闲活动且遗址保存状况较好的地点,还有一些值得提供不同程度讲解服务的遗址。几年前,该县与圣玛丽县的圣克莱门特岛波托马克河博物馆共同举办了巡回展览,大力宣传了该处遗址。该展览至今依然很受欢迎。

通过致力于在锦葵湾建立历史沉船保护区的个人和组织的共同努力,该保护区获得了国家的资助(Fehr and Hsu,2000:AI5)。包含锦葵湾地区在内的 5 500英亩②土地由四处地产构成,统称道格拉斯角。有些土地虽无人继承,但也拥有所有者(个人或组织),例如波托马克电力公司。道格拉斯角的磋商涉及无数联邦、州和县政府部门,包括联邦土地管理局和交通部以及国家和地方组织、私营企业与个人。他们的资金来源于《交通改善法案》TEA－21 项目以及国家非营利组织大自然保护协会。在州县层面,马里兰州自然资源厅的公共空间和乡村遗产计划为保护区项目的执行提供了所需资金,并与查尔斯县旅游办公室以及公园和土地处合作。土地收购过程非常谨慎,项目执行方充分考虑了各方的关切和利益,

---

① 译者注:英制中的长度。1 英里＝1.609 千米。
② 译者注:英亩为面积单位,1 英亩＝4.047×10^{-3} 平方千米。

包括与该项目存在竞争关系的相关方,如在该地区有合法权益的采石厂。收购方案于 2002 年达成最终决议,随后正式开始建立保护区。

4.4 圣玛丽城旧址与眺望角

近期考察的两处水下保护区位于两处重要陆地历史遗址附近:一处是马里兰州第一个州府圣玛丽城①下的海湾,另一处是眺望角附近的水域。眺望角位于波托马克河和切萨皮克湾交汇处,这里是霍夫曼联邦犯人集中营和哈蒙德医院的旧址(Mills,1996;Leeson and Breckenridge,1999)。两处遗址均位于圣玛丽县内,都曾遭受不同程度的侵蚀。眺望角的侵蚀情况更严重:相比美国内战时期,三分之二的土地已经被侵蚀。两处遗址已经采取相关保护措施,并积极探索新的防侵蚀手段(Miller et al.,2001)。另外一个更严重的问题是牡蛎捕捞活动对遗址造成的潜在损害。如前文所述,马里兰州历史信托基金会负责管理水下文化资源,马里兰州自然资源部负责管理当地的牡蛎捕捞活动、划定牡蛎保护区范围。这两处遗址都不涉及私人土地:眺望角是马里兰州自然资源部划定的州立公园,圣玛丽城是国营博物馆。因此,相比锦葵湾,这两处保护区的成立相对简单。不过还是要考虑平衡措施。圣玛丽城海湾处修建的牡蛎养殖场在近岸使用了机械化采收平台,而这片土地正好位于原历史遗址范围内。但关闭这些养殖场则会被指责人为干扰了切萨皮克湾的传统生活方式;随着牡蛎养殖业和捕蟹业的严重萎缩,它们的标志性地位使其在该地区成为一种"圣牛"②。马里兰州自然资源部虽然在积极创建牡蛎保护区,人工繁殖牡蛎卵并禁止在养殖区域外开展捕捞活动,马里兰州自然资源部也有兴趣并愿意在推荐的历史沉船保护区内创建牡蛎保护区,

---

① 译者注:圣玛丽城位于马里兰州南部圣玛丽县内,该城最初由英国殖民者建立,1695 年之前为马里兰州的州府所在地。
② 校者注:sacred cow,意为神圣不可侵犯,或不容批评的事物。

但他们依然面临两个问题。首先是前面提到的对传统生活方式的干扰；其次，即使是保护区内养殖区也需要开展周期性的捕捞活动。

关于眺望角遗址，管理部门计划在靠近文化敏感地带的切萨皮克湾创建新的保护区（见图4-4）。截至本章写作时，马里兰州自然资源部正在与马里兰州历史信托基金会共同开展考古调查活动。在圣玛丽城旧址，关于牡蛎养殖问题，目前正在考虑的一个解决方案是，在海湾之外开辟一个新的牡蛎养殖场满足商业捕捞（相差不到30米），并扩大养殖面积，作为对当地牡蛎养殖者合作的补偿。

图4-4　马里兰鸽号船舶复制品停泊在圣玛丽城旧址附近的海湾上
（资料来源：马里兰州历史信托基金会的S.利兰拍摄）

2003年至少会创建一处保护区。随着合作经验的积累，马里兰州历史信托基金会和马里兰州自然资源部会进一步简化保护区的创建流程，实现创建流程正规化，而不是针对个案进行处理。

4.5　结论

整体来说，马里兰州的水域并不适合建立传统意义上的水下公园。适合改建为公园的遗址通常其所处地的河流水域较浅、水面平缓、水下能见度高,且普遍允许潜水员和不潜水的游客安全参观,同时又有足够的特色来吸引观众的注意。而上述条件在马里兰州内的水域比较难满足。锦葵湾虽然水下能见度较低,但相比之下依然可能是最合适的地点。马里兰州内淡水和盐水水域能见度均接近于 0,且激流频现,因此,开展现场讲解几乎不可能。考虑到这些限制条件,建立保护区的目的更多在于保护水下文化资源,而非休闲潜水。然而,以上问题并不能完全阻止人们接近或者开发这些遗址。马里兰州历史信托基金会正与国家公园管理局合作,划定并记录与美国独立战争和 1812 年战争相关的遗址,并确定大西洋沿岸和堰洲岛内海湾的海洋资源。关于 1812 年战争遗迹问题,美国海军和马里兰州旅游开发办公室正积极开展合作。马里兰州历史信托基金会则继续寻找适合成立保护区的遗址,并协助其他部门、教育机构和组织开展有趣且富有教育意义的潜水体验活动。在马里兰州水下考古项目中,教育和推广扮演着重要角色。

第 5 章 从国家悲剧到文化瑰宝：休伦号历史沉船保护区

理查德·W.劳伦斯[①]

5.1 引言和历史背景

1877 年 11 月 24 日凌晨,美国海军休伦号炮艇(USS Huron)搁浅,强烈的冲击波穿透了整艘舰艇。休伦号在前一天从弗吉尼亚州汉普顿水道出发,开始测绘古巴海岸线。休伦号在穿过亨利角进入公海后不久,就遇到了来自东南方向的狂风巨浪。接近黄昏时,船员发现了柯里塔克灯塔(Currituck Lighthouse),船长乔治·P.赖恩(George P. Ryan)下令让舰艇避开哈特拉斯角和危险的钻石滩,但是出了差错。随后的调查将本次事故归咎于舰艇在遇东南大风时指南针出现了故障,并造成了偏航。不管是什么原因,凌晨 1 点刚过,休伦号就在离北卡罗来纳州纳格斯黑德不远处的海滩附近触礁。但是,当船长看到巨大的海浪拍打着附近的海滩时,他惊叫道:"我的上帝! 我们是怎么到这里的?!"这是船长的遗言,因为他与另外 97 名军官和船员一起在当晚遇难了(见图 5-1)。当寒冷的曙光终于到来时,只有 34 人安全上岸(Friday,1988)。

---

① 理查德·W.劳伦斯为北卡罗来纳州水下考古小组成员,其通信地址为北卡罗来纳州库尔海滩,邮政信箱 58,28409。

图 5-1 描绘纳格斯黑德海滩幸存者和遇难者的当代画作(背景是休伦号沉船)

(资料来源:弗兰克·莱斯利的画报,1877 年 12 月 8 日)

休伦号于 1875 年在宾夕法尼亚州切斯特由特拉华河造船公司(Delaware River Shipbuilding Company)建造,失事时是一艘相对较新的船。国会批准建造休伦号和其他 7 艘舰船,旨在防止内战结束后美国海军的空前衰落。战争结束时,拥有七百多艘军舰的美国海军是世界上最强大的海军。而到了 1873 年,美国海军仅拥有 48 艘老式舰船,世界海军力量排名第 12,在智利之后(Coletta, 1987)。尽管休伦号和它的两艘姊妹舰警戒号(Alert)和游骑兵号(Ranger)建造得相当坚固,但它们是内战老式海军和现代钢铁海军之间的过渡产物。1882 年始建的防护巡洋舰被认为是现代钢铁海军始建的标志,被称为警戒级(Alert-class)三等炮舰的休伦号、警戒号和游骑兵号是美国最后一批用铁而不是钢建造的海军舰艇，也是最后一批靠桅杆和帆充当动力补充的海军舰艇（见图 5-2）。休伦号长 53.34 米、宽 9.75 米，舰艇中部吃水 3.96 米（Friday，1988）。休伦号是过渡时期的典型舰船，老式的和现代的设备并存。该舰艇的军械和轻武器包括内战老式加农炮、单发手枪和步枪，以及 50 毫米口径的加特林机枪，这是 19 世纪 70 年代舰船上使用的一种相对较新的武器。同样，除了多桅帆外，休伦号还拥有复合蒸汽机，这是一种高效的动力设计，在建造这批炮艇时仅在远洋船上应用了两年（Friday and Lawrence，1991）。

图 5-2　纵帆船休伦号是美国海军建造的最后一批在蒸汽机外还配备了帆的舰船
（资料来源：《哈勃周刊》，1877 年 12 月 8 日）

休伦号在北大西洋分舰队中服役了两年，于 1876 年前往墨西哥，在墨西哥革命期间维护美国的利益，并于 1877 年勘测了南美洲的北部海岸和小安的列斯群岛。然而，正是这艘舰艇的沉没和随之而来的人员伤亡引起了全国的关注。事实上，这场灾难的规模堪比一年前卡斯特军队的损失。可悲的是，当休伦号搁浅时，附近的纳格斯黑德救生站关闭了，该站原定于下一周即 12 月 1 日开放。两个月后，梅特罗波利斯号（Metropolis）汽船在事发地向北 23 英里处搁浅，85 人丧生，再次证明了救生体系的不足。这两起海难促使国会拨款在北卡罗来纳州海岸修建更多的救生站，并延长它们的运营时间（Means，1987）。

5.2 现状和考古调查

休伦号失事地点距离纳格斯黑德海滩只有 230 米,水深 6 米。自 20 世纪 70 年代中期以来,休伦号沉船一直是备受欢迎的潜水遗址,特别是那些水肺潜水员和浮潜者,他们通常从海岸游泳到沉船处。除了位置靠近海岸外,休伦号还有一个优势,即距最近处穿过外滩群岛的海湾超过 26 千米。这使得遗址的能见度总体良好,因为海峡处的混浊水体不会影响到沉船周围清澈的海水。在这种动态的近岸环境中,底部暴露的沉船部分随沙砾的运动而变化。该舰艇以倾斜的角度对准海岸,船首仅在海面以下两米半处。艉柱有 19 世纪打捞活动造成的损坏痕迹,并且经常与岸底砂砾底部齐平或被其掩埋。舰艇残骸被厚厚的凝结物和海洋生物所覆盖,为各种海洋生物提供了栖息地(见图 5-3)。

图 5-3 休伦号遗址透视图

(资料来源:J.弗雷迪)

纳撒尼尔·H.桑德森(Nathaniel H. Sanderson)是探访休伦号遗址最早且最频繁的潜水员之一,他当时是纳格斯黑德的警官。到了 20 世纪 80 年代中期,桑德森已成为纳格斯黑德海洋救援中心的主管。他的暑期救生员队伍中有一位叫约瑟夫·J.弗雷迪(Joseph J. Friday),是东卡罗来纳州立大学海洋历史和水下研究专业的研究生。1987 年,桑德森和弗雷迪申请并获得了北卡罗来纳州文化资源部颁发的水下考古许可,允许对休伦号沉船进行调查。在接下来的两个夏季,弗雷迪、桑德森和他们的志愿者潜水员团队系统地对沉船进行了测绘,并绘制了这艘历史悠久的炮艇的精确的平面图(见图5-4)。

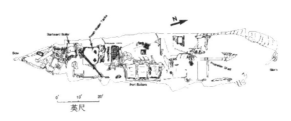

图5-4 基于1987年和1988年田野调查的休伦号遗址平面图

(资料来源:J.弗雷迪)

尽管本次田野调查的重点是记录遗址,但工作组仍记录并收集了许多反映船舶各种功能的文物:这是一个134名船员①共同生活的家,一艘远洋轮船,一艘海军战舰。这些文物包括镀银的餐具、瓷盘、带有软木塞内装有酒的酒瓶、管道、配件、工程部的值班人员名册、弹药、刺刀和稀有的12.7毫米口径雷明顿转轮手枪(见图5-5)。该项目是弗雷迪在1988年发表的硕士论文的研究题目,论文详细介绍了休伦号的历史以及沉船的现状。1991年,弗雷迪和理查德·劳伦斯(Richard Lawrence)成功将休伦号沉船提名入选美国国家史迹名录。

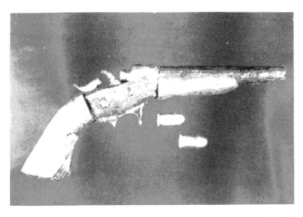

图5-5 1987年田野调查中在遗址发现的12.7毫米口径雷明顿转轮手枪

---

① 译者注:此处原文直译134名,但根据前文数据相加应为132名船员。

5.3　历史沉船保护区的选定

　　就在桑德森和弗雷迪对休伦号沉船进行调查的同一时期,美国国会试图解决其领土上历史沉船所有权和管辖权的长期争论。这次审议的结果是于 1988 年 4 月 28 日颁布了 1987 年《被弃沉船法》(Abandoned Shipwreck Act of 1987)(公共法案 100 - 298)。这项重要的法案赋予各州对位于其水下领土上历史沉船的所有权,并呼吁各州制订管理这些沉船的计划。在北卡罗来纳州,这一责任落在了水下考古部身上,该部门隶属于文化资源部档案和历史处。颁布《被弃沉船法》时,水下考古部在州法规“打捞被弃沉船和其他水下考古遗址”(《北卡罗来纳州法典》第 121 章第 3 条)的授权下,在北卡罗来纳州所辖海域内管理沉船已有二十多年。美国国会在通过《被弃沉船法》时,认识到“……沉船为休闲潜水和其他对此感兴趣的人群提供了消遣和教育的机会……”此外,法律还建议各州“……建立水下公园或特别区域为此类资源提供更多的保护”。

　　在北卡罗来纳州,水下考古部的工作人员对将本州某处水域选定为水下公园的想法很感兴趣,并立即将注意力集中在了休伦号上。选择休伦号成为该州的首个历史沉船保护区的原因有很多:①该沉船遗址已经是一个颇受欢迎的潜水地点;②该沉船拥有一段有趣而重要的历史;③纳格斯黑德镇对该项目感兴趣,并愿意提供物质援助和承担遗址监管工作;④该遗址已有大量的历史和考古记录。但是,在水下考古部继续进行选址之前,有几个问题需要解决。第一,没有现成的将遗址选定为水下公园或保护区的程序或机制。第二,人们担心这种选定会使该州承担某些责任。第三,由于休伦号是前海军舰艇,因此涉及该遗址的任何行动都必须得到美国海军的批准。第四,由谁来监测沉船上的日常活动,维护浮标和展品,以及如何为遗址开发提供资助。

　　为了解决这些问题,水下考古部向佛蒙特州和佛罗里达州求助,这两个州在

1989 年已经成功运营了水下公园。来自佛蒙特州的焦万纳·佩布莱斯(Giovanna Peebles)和来自佛罗里达州的罗杰·史密斯(Roger Smith)提供了休伦号项目所需的大量信息。1989 年 11 月,水下考古部的成员在纳格斯黑德镇代表桑迪·桑德森的陪同下,前往佛罗里达州与罗杰·史密斯会面。在佛罗里达州时,北卡罗来纳州的团队组织了一次圣佩德罗号(San Pedro)沉船的潜水活动,它在当时是佛罗里达州的两个水下考古保护区之一。

有了佩布莱斯和史密斯提供的信息的支持,还有了圣佩德罗号沉船潜水活动的激励,水下考古部的工作人员提出了一项在北卡罗来纳州建立"历史沉船保护区"的提案(Lawrence,1990)。该提案建议以佛蒙特州为例,在现有法律和行政程序框架内创建保护体系,以规避新法规制定时间过长而耗时的问题。在审查北卡罗来纳州档案和历史部相关法律时,看上去有足够的法定权限将沉船遗址指定为保护区,建立保护区的目的如下:①使公众更容易接触遗址;②阐释遗址的历史意义;③促进遗址保护。为了将休伦号历史沉船保护区"官方"化,水下考古部向北卡罗来纳州历史委员会提交了一份建议,供其审核。在历史委员会的全力支持下,文化资源部部长发布了一项公告,宣布休伦号沉船是北卡罗来纳州行政法规(T07:04R.1009)规定的"具有重要科学历史价值的区域"。公告将遗址定为历史沉船保护区,旨在增加公众访问的机会、历史的解读和遗址保护。

在审议责任问题时,水下考古部发现佛蒙特州总检察长办公室 1981 年的一份意见非常有用。简而言之,该意见的结论是,由于目前允许潜水员参观隶属于本州的沉船,因此州政府已经承担了一定程度的责任。如果该州真的鼓励潜水员去参观类似水下公园那样的遗址,那么这种责任可能会有所增加。但是,只要遗址的环境没有比通常水肺潜水遇到的情况更危险,又或者管理者已将危险情况向潜水员做了警示,则该州承担的额外责任将降至最低。北卡罗来纳州总检察长办公室查看了佛蒙特州的意见并同意其调查结果。

尽管《废弃沉船法》赋予各州对所辖水域内历史沉船的所有权,但休伦号是一个例外,因为它曾是一艘海军舰艇。1990 年,水下考古部与海军历史中心就北卡罗来纳州海域美国海军沉船的管理展开对话。当水下考古部向海军提出能否将休伦号定为沉船保护区时,海军历史中心主任迪安·阿拉德(Dean Allard)和资深海军历史学家威廉·达德利(William Dudley)表示全力支持。最终,文化资源部与美国海军签署了一份议定书,允许该州将休伦号沉船遗址公布为历史沉船保护区并予以保护。协定书还要求水下考古部向海军历史中心提交年度报告,详细说明保护区的状态、参观人数以及遗址所有的可见影响或变化。

创建休伦号历史沉船保护区的最关键因素不是一次性的保护区选定行为,而是确定由谁负责长期的沉船日常管理工作。佛罗里达州水下考古学家罗杰·史密斯在给水下考古部的建议中强调,要使水下公园计划取得成功,必须得到当地社区的支持和帮助。以休伦号为例,纳格斯黑德镇在促使水下公园的想法成为现实方面发挥了关键作用。从一开始,包括海洋救援中心主管桑迪·桑德森、镇行政长官 J. 韦布·富勒(J. Webb Fuller)、市长唐纳德·布莱恩(Donald Bryan)在内的镇政府官员,以及整个镇议会都强烈支持水下公园的概念。1991 年 5 月,文化资源部与纳格斯黑德镇签订了正式协议,详细规定了双方的职责。在该文件中,纳格斯黑德镇同意在潜水季节维护在遗址上的两个浮标,每月对沉船进行检查并记录所有的遗址变化和危险情况,监视潜水员在遗址区域的活动,追踪参观数据,并在布莱登街海滩通道上(见图 5-6)举办解说性展览。除市政支持外,当地的一个非营利组织外滩群岛社区基金会还慷慨地提供了 3 000 美元捐助,用于在布莱登街海滩通道建造展览亭。这笔赠款还用于印刷展览说明手册,在休伦号上举办一个巡回展以及建造一座水下纪念碑。北卡罗来纳州陆军国民警卫队提供直升机,将纪念碑运送到沉船遗址上。

1991 年 11 月 24 日,在一次海滩仪式上,文化资源部部长帕特里·多尔西(Patrie Dorsey)正式宣布休伦号为北卡罗来纳州首个历史沉船保护区。在多尔西部长发表讲话后,纳格斯黑德镇镇长唐纳德·布莱恩和美国海军司令 P.C. 多

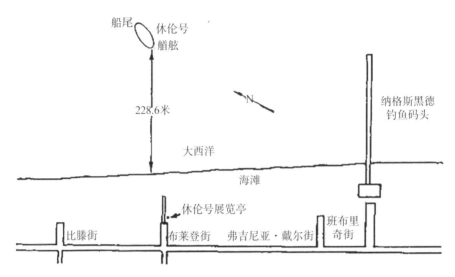

图5-6　美国海军休伦号历史沉船保护区位置图

尔西(P.C. Dorsey)为展览亭剪彩,纳格斯黑德海洋救援潜水员向沉船遗址献上花圈,悼念休伦号的遇难船员(见图5-7)。

图5-7　1991年11月24日,(从左至右)美国海军司令 P.C.多尔西、文化资源部部长帕特里·多尔西、纳格斯黑德镇镇长唐纳德·布莱恩为休伦号展览亭剪彩

5.4　结论

　　在1991年至2001年的十多年间,大约有3 000名潜水员参观了休伦号沉船。镇上设置了标记浮标,便于潜水员定位沉船。另外,解说展览和观光手册帮助潜水员了解沉船的各种特征以及船舶历史。在那十多年中,仅有一起事故报告,即1992年捞取舷窗。一名潜水员拿走了一件遗址中的文物,当他回到岸边时,一名救生员没收了这件文物,并将其交还给了水下考古部进行保护。

　　除了潜水员之外,还有不计其数的海滩游客从海滩展览亭的展牌中受益。在展览中,观众了解了休伦号的历史及其悲剧性的沉没。他们从木板路的尽头眺望大海,看到标记着沉船船首和船尾的浮标。尽管休伦号沉没地点离海岸相对较近,但在1877年11月那个暴风雨夜却有将近100人丧生,这一事实充分说明了大自然的威力。在这方面,休伦号的灾难可以看作一类场景的代表,这种场景在这条被称为"大西洋墓地"的险恶万分的海岸线上重复了数千次。然而,尽管休伦号的沉没是一场悲剧,但沉船事件也直接促成了两件事情。首先,19世纪70年代,公众在休伦号惨案发生后提出了强烈抗议,促使国会不得不拨款增设更多的美国海上救援服务机构;其次,在该船失事114年后,该遗址被指定为"活着的"博物馆,公众可以亲身感受这段令人惋惜且耐人寻味的海上历史。

第6章 英国苏格兰马尔海峡天鹅号和皇家海军护卫舰达特茅斯号历史沉船的游客计划

菲利普·罗伯逊[①]

6.1 引言

在英国海域潜水极富挑战性，不仅需要面对冰冷的海水、变幻莫测的天气、不同的水下能见度，还有起伏不定的潮汐。尽管如此，人们还是乐此不疲。英国大约有 12 万名活跃的在册潜水员（UK CEED，2000）。事实上，英国海域有数不清的潜水景点。头顶上灰蒙蒙的天空与水下多样的海洋生物栖息地形成鲜明的对比（Gubbay，1988）。作为传统的海事大国和贸易大国，直到现在其经济仍依赖于海运。据估计，目前苏格兰海岸周围有 4 000～6 500 艘沉船，有研究员表示，自 18世纪中期以来英国海域发生了多达 20 000 起的海上事故（Oxley，2001）。

尽管海洋这个词汇已经深深刻在大多数不列颠人的脑海中，政府还是采取了数项举措来时刻提醒国民。在为数不多的几个海洋天然观景游览线路中，伦迪海洋自然保护区（Lundy Marine Nature Reserve）的浮潜之路就是其中一个案例（Irving and Gilliland，1998），来此处潜水的游客可以在体验美景的同时增进对海

---

① 菲利普·罗伯逊任职于航海考古培训中心（苏格兰培训基地），通信地址为英国苏格兰阿盖尔郡莫文市洛哈林潜水中心，PA34 5XT。

洋的了解。奥克尼巡回之眼公司(Roving Eye Enterprises)的无人潜水器,用于参观水生动物和沉船遗址的玻璃底船亚特兰蒂斯号海洋探测器(Sea Probe Atlantis),以及斯凯岛的浅水沉船,都让非潜水观光客能有机会一睹英国的水下景观(Oxley,2001)。

如今,游客参观考古遗址和博物馆早已司空见惯(English Heritage,1988)。但由于缺乏资金保护博物馆中展出的沉船,加上缺乏可行的海洋考古遗迹保护管理政策(Gregory,1999),因此目前急需创新方案方便游客在不损害遗迹的前提下参观英国最重要的沉船遗址。由英国政府文化、媒体和体育部(Department for Culture,Media and Sport)出资,在英格兰指定的历史沉船遗址附近安装了解说牌,向非潜水游客提供潮间带沉船的讲解服务(Robertson,1992)。本章讨论了位于苏格兰马尔海峡的天鹅号(Swan)沉船和皇家海军护卫舰达特茅斯号(HMS Dartmouth)沉船的游客计划的制定目标、方法和结果。从英国立法和公众对发现和保护水下遗产的态度分析了这两则案例。

6.2　沉船立法与公众对沉船遗产管理的态度

迄今为止,英国在水下遗产管理方面的成绩平平(Fenwick and Gale,1998)。尽管人们对文物的态度已经开始改变,但流行于英国潜水员之间的"纪念品狩猎"文化已经根深蒂固,现在很多著名沉船遗址都被洗劫一空。保护水下遗产的立法框架在鼓励保护沉船遗址方面也收效甚微。比如,1995 年的《商船法》(Merchant Shipping Act,1995)的重点是文物的所有权和处置方法,历史沉船也包含在内(Oxley,2001)。英国主要的历史沉船法案 1973 年的《沉船保护法》(the Protection of Wrecks Act,1973)旨在保护具有历史、考古或艺术价值的沉船,很明显,1973 年的法案是为了促进考古信息的获取,而不是保护沉船遗址(Firth,1999)。

审查方(JNAPC，2000)指出了这项法规的不足之处并做了改进，议会讨论通过仅仅是第一步(Firth，1999)。虽然苏格兰文物局(Historic Scotland)表示，对苏格兰海域的水下考古和陆地考古一视同仁，但事实上1973年的《沉船保护法》并没有赋予任何机构在指定遗址资助考古工作的法定责任(Fenwick and Gale，1998)。此外，该法案也并没有为游客无损参观指定遗址带来方便(JNAPC，2000：8)。

1973年《沉船保护法》经议会通过之后，英格兰、威尔士、苏格兰和北爱尔兰政府有权以强制方式在英国海域(不包括马恩岛和海峡群岛)的海床上或水域内划出指定区域。在苏格兰，根据《1998年苏格兰法案》(Scotland Act 1998)的规定，将由苏格兰事务大臣负责的水下文化遗产保护管理工作移交给苏格兰政府(Historic Scotland，1999)。在本章写作时，苏格兰水域内有7艘沉船被认定为1973年《沉船保护法》的保护对象。

根据1973年《沉船保护法》的规定，干预、损坏或搬移指定船只残骸的任何部分或其相关物品包括曾经属于其的相关物品，进行潜水、打捞作业，或者放置任何可能损坏或阻塞遗址通道的物品，均属于犯罪。只有在获得官方授权许可的情况下，才能在指定遗址开展活动。目前授权部门为隶属于苏格兰议会的苏格兰文物局。截至1994年，有以下两类许可证：

(1) 调查许可证，非接触式遗址调查，包括在不干扰遗址前提下开展调查和记录。

(2) 发掘许可证，允许对遗址进行"干扰"。如果事前不向监督机构，即历史沉船遗址咨询委员会提交一份完整的发掘前调查报告，则苏格兰文物局不予颁发发掘许可证。

休闲潜水爱好者苦于拿到任何官方授权，然而他们却负责查找全国大约50%的历史沉船(Firth，1999)。到20世纪90年代中期，很显然这两类许可证依旧不足以涵盖所有可以或者应该在指定遗址进行而不造成任何损害的活动。

6.3　马尔海峡游客计划

马尔海峡宽 20 英里,两边为马尔岛和苏格兰大陆。位于海岸线战略要塞的城堡,确认了至少在公元 1200 年以来桑德河作为海上航道的重要性。记录显示,自 17 世纪以来已经有 60 多艘船在此失踪。该地区是苏格兰最大的两个沉船潜水目的地之一,清澈的海水和完整的沉船吸引着各地潜水爱好者前来参观。潜水员已经确定了约 15 艘沉船的位置。最早的沉船可追溯到 17 世纪中期,大部分为 19 世纪和 20 世纪的沉船。天鹅号和达特茅斯号这两艘 17 世纪的沉船,是根据 1973 年的《沉船保护法》认定的历史沉船。

自 1994 年以来,航海考古学会在该地区开展了大量的苏格兰户外拓展训练活动。1994 年,航海考古学会与圣安德鲁斯大学考古潜水队合作,建立马尔海峡考古项目田野学校。训练活动与夏季在杜尔角附近开展的天鹅号野外作业同时进行(Martin,1995)。在许可方的建议和苏格兰文物局的支持下,历史沉船遗址咨询委员会批准了一项游客计划试点项目的提案,允许田野学校的成员于野外作业期间在受监督的条件下在天鹅号沉船处潜水。

1995 年,历史沉船遗址咨询委员会批准了一项拓宽游客计划方案的申请,邀请所有运动潜水员(不限于具备基本考古资格的潜水员)在适当的监督下参观天鹅号。按照许可证管理要求须事先书面报备苏格兰文物局并告知所有参加此次活动的潜水员姓名。遗址有三天开放时间,以配合夏季教研。开放日期间共有 65 人次参观。

1995 年至 1996 年,该项目由作者非正式地代表航海考古学会和苏格兰文物局进行管理。1996 年,作者成为洛哈林潜水中心(Lochaline Dive Centre)的所有人,这是一家为来访的潜水员提供住宿、飞机和船只停泊服务的小型潜水中心。从 1997 年到现在,该计划一直作为航海考古学会培训(苏格兰)计划中田野培训活动的组成部分,自 1997 年以来项目总部一直设在洛哈林潜水中心。航海考古学会在苏格兰的培训计划由苏格兰文物局资助,这笔拨款用于冬季在整个苏格兰地区举办培训班。在夏季,活动集中在马尔海峡,学员可以实践所学的技能。游客计划是苏格兰航海考古学会整体培训计划的重要组成部分,也为水下考古和历史沉船潜水提供了便捷之路。虽然培训计划得到了资助,但游览历史沉船的费用将由参与者自行承担。该计划所带来的经济收入是苏格兰航海考古学会得以在苏格兰乃至苏格兰之外推广水下考古的重要因素。

自 1995 年游客计划实行以来,每年有越来越多的游客参与进来。到 2000 年底,共有 542 名潜水员参观了天鹅号,有些人还去过两次。在天鹅号游客计划获得成功后,当地社区于 1996 年在达特茅斯号历史沉船附近开设了一项类似的计划。该计划的管理方式与天鹅号游客计划类似。到 2000 年底,已经有 347 名游客参加了达特茅斯号的开放日活动。表 6-1 列出了两项计划的游客人数。

表 6-1　马尔海峡游客计划的游客人数①

年份	达特茅斯号		天鹅号	
	游客数量/名	许可证	游客数量/名	许可证
1994	—	无	17	有
1995	—	无	65	有
1996	18	有	58	有
1997	0	有	44	有
1998	136	有	136	有
1999	108	有	101	有
2000	85	有	121	有
总计	337②		542	

1996 年,英国另一地区的伦迪海洋自然保护区边界区域开展了一项关于 SS

---

① 校者注:校对时对表格格式略有改动。
② 译者注:原文总计数字有误,应为 347。

艾奥那二世号(SS Iona Ⅱ)沉船的指定游客计划(Robertson and Heath，1997)。在 1997 年，天鹅号和达特茅斯号游客计划的成功促使当局对指定遗址潜水许可证类别进行了审查(ACHWS，1997：5)。审查的结论是，应酌情颁发另外两类许可证，其中之一是游客许可证，允许游客参观没有进行有效考古工作的遗址。

在接下来的几年里，英格兰的当地组织接受挑战，并于 1998 年获得了复活号(Resurgam)沉船的游客许可证。2000 年在扩大许可证计划获得最终批准之后，前景看起来一片大好。英国汉普郡和怀特海事考古信托基金会在英格兰南部海岸的哈扎德斯号(Hazardous)沉船遗址开辟了一条游览线路，受到了游客的普遍欢迎(Momber and Satchell，2001)。

6.3.1　天鹅号游客计划

天鹅号位于马尔海峡东南入海口，在杜尔城堡的岩岬下方，而杜尔城堡是麦克林家族的所在地。这艘沉船是 1653 年 9 月奥利弗·克伦威尔(Oliver Cromwell)派遣的远征队，其任务是打击在西群岛抵抗国会统治的保皇党势力(Martin，1995)。该沉船根据 1973 年的《沉船保护法》于 1992 年获得认定。杜尔城堡的住户和守卫与海岸警卫队、警察和许可证持有人合作，对其进行了严格的监管。这样做的好处相当多，而且几乎没有无证潜水的事件发生。这部分原因可能是天鹅号游客计划通过媒体报道以及与奥班和马尔湾地区的潜水企业合作，在当地取得了宣传效果。

1992 年在对受威胁文物开展恢复性初步救助行动之后，管理者对天鹅号进行了一次全面的侵扰前调查，完成了一份遗址总平面图，并在之后实施了一项遗迹稳定方案。在木结构和其他不稳定的沉船构件部分放置了沙袋。这些沙袋已经成为遗址环境的一部分，可以将沉船牢牢固定在水底。虽然这些沙袋有助于固定和保存沉船，但对于希望看到沉船全貌的游客来说，无疑是有些失望的。当然，在解释了此举的用意后，大多数游客还是完全能够接受的。

天鹅号位于 10～12 米深的水中,潜水窗口时间大约为 6 小时,也就是说无经验潜水员也可在这里活动(见图 6-1)。出于正常的安全考虑,潜水员需持有 CMAS 一星证书或同等证书。无论如何,良好的浮力控制是安全和成功潜水的先决条件,只有确保潜水员拥有良好的潜水习惯才能避免潜水过程中过度侵扰脆弱的沉积物。

图6-1　潜水员在天鹅号中潜水

(资料来源:C.马丁拍摄)

历史沉船之旅开始前有一场影片解说,有助于潜水员了解水下情况,知道他们即将看到什么,影片同时会对沉船的历史和正在进行的考古工作进行说明。参观遗址的人数上限为 12 人,但在尽可能的情况下,每次的参观人数都应限制在 6人以内。潜水之前,除了三项具体要求外,管理者还会提供一份基本安全指南并做简要说明:禁止游客移动文物;禁止触碰沉船、测量设备的任何部分;时刻保持良好的浮力控制(见图 6-2)。在水下管理者不会直接监控潜水员,他们认为这种充分信任所带来的压力能有效保证潜水员会对自己的行为负责。

第一次开放日选在田野小组工作的时候,船体结构特征清晰可见。探方、网格框,还有比如流速计等设备的存在增添了沉船作为旅游景点的吸引力。参与人员对于能一睹这艘古老沉船的木质船体结构感到兴奋,这是他们以前从未经历过

图 6-2　潜水之前向潜水员介绍基本情况

（资料来源：C.马丁拍摄）

的。1996 年，在完成侵扰前调查后，船体结构被遮盖了起来。尽管这个措施明显影响了游客的体验程度，但活动反馈仍然非常积极，毕竟有机会从一艘 300 年前的沉船上看到水下的铸铁大炮和锚已经让大多数人感到满意。

天鹅号旁的海床上安装了解说辅助设备，以此把每次游览的教育可能性最大化，同时限制游客进入遗址内的不稳定区域。参观者可携带一份标有参观路线的平面图。在水下这条路线用一条牵引绳表示，引导游客观察沉船最明显的特征。

用以标注独特区域的指示牌由黄色塑料制成，一般系在铅锤上，或用细绳系在铸铁炮等大型结构上。这样一来，这些标识物会漂浮在海床之上，对遗址的影响最小。指示牌有助于游客注意到可能被忽略的物体，比如压舱石，或者需要特别解释的物体，如用来保护遗迹内的大型铁制物品（包括枪和锚）的铝阳极。游客的反馈表明，指示牌既不会干扰他们，也不会破坏探索感。事实上，对探索的渴望也许可以解释为什么许多潜水员在有指示牌和引导游览线路的牵引绳的情况下，也不愿意携带遗址平面图，哪怕他们会因此错过沉船。然而，这种指示牌需要经常性地维护，所以需要另外规划专门的潜水时间。

回到陆地上，开放日活动还包括参观一个位于杜尔城堡的沉船展览。结束一天的活动后,游客可获得一枚贴在日志中的特制邮票、一份沉船宣传手册,游客非常喜欢这种实物型纪念品。天鹅号项目小组已经开始筹划,为不潜水的游客提供关于沉船的讲解服务(Martin,1998)。苏格兰文物局出资在天鹅号上方的岩岬安装沉船解说牌,事实证明此举颇有成效。在英国广播公司拍摄该项目的纪录片时,团队尝试使用由高碳钢丝(hard wire)连接渔场监控摄像机拍摄水下画面,以此向游客展示海底工作,此举在成本、效益与方法的潜力显而易见。

6.3.2 皇家海军护卫舰达特茅斯号游客计划

皇家海军五级护卫舰达特茅斯号位于艾琳·鲁达岛外的浅水区(2~10米),靠近马尔海峡的莫文海岸。1973年,潜水员在参观铁制沉船巴力斯塔号(Ballista)时发现这艘沉船,20世纪70年代末,圣安德鲁斯大学对其进行了调查和发掘(Martin,1978)。现存遗迹包括相当数量的船体结构、3个锚和17门铸铁炮。1973年,根据《沉船保护法》,该船被纳入保护范围,但1979年又被认定撤销。不幸的是,由于马尔海峡潜水活动与日俱增,加上沉船本身靠近著名的巴力斯塔号,这艘船遭到了纪念品猎人的洗劫。

达特茅斯号沉船在1992年6月被重新认定,并在1994年马尔海峡考古项目开展期间由航海考古学会志愿者重新做了调查(Diamond,1994)。

在达特茅斯号上,发生了许多未经许可的游客潜水事件。沉船地点偏远及其邻近遗址是未受保护的都是促成事件发生的原因。为了方便游客合法和可控地访问沉船,1996年当地通过了一项为沉船设立官方游客计划的申请。

春季,遗址周边巨藻最少,但随着季节的推移,巨藻大量生长,8月达到覆盖高峰。巨藻有利于保护沉船和水下环境,既可防止潜水员非法进入,又可为沉船创造稳定的保存环境。但是巨藻的疯狂生长同样也阻碍了游客的进入,这就造成了实际性问题,特别是游览线路的规划和维护。在巨藻的遮挡下即便是类似枪支和锚等较大的实物也愈发难以辨认,游客无法看见遗址的全貌。如果游客觉得没有什么可看的,那么这种令人兴奋的潜水项目就会变成一次令人失望的游览体验。部分参与者认为这证实了他们最大的顾虑,即考古学的确很无趣。

1999年,历史沉船遗址咨询委员会批准了一项达特茅斯号巨藻清除试点项目,以此改善潜水环境。该项目是在与海洋生物学家和考古学家磋商后达成的,在尽量减少沉船和环境破坏的前提下,清除游览线路上的巨藻,从而提高游客的潜水体验。巨藻清除项目在巨藻生长高峰的5月至8月进行。

巨藻的清除范围仅限定在沉船周围的指定区域(见图6-3),两个正方形(20平方米,25平方米)区域,包含铸铁炮和主锚的集中区域,以及两侧各宽一米的游览道路,其沿途都是大炮,一直延伸到遗址的西北端。估计最大清除面积为75平方米。计划的实施方式为在距离巨藻固定生长点大约15厘米的地方用刀割断,然后在可能的情况下利用附近的水流将切割下来的巨藻冲走。

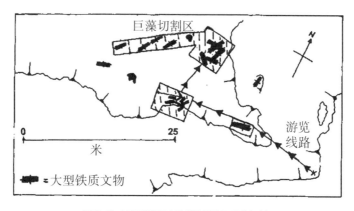

图6-3 达特茅斯号上的游览线路和巨藻切割区

预计巨藻清除会对环境造成下列影响(此种清除方式可减少许多不必要的影响):

(1) 在5月至8月,对巨藻进行清除会明显破坏局部区域的巨藻生长情况。但当地的巨藻品种——主要是掌状巨藻(*Laminaria digitata*)每年都会重新生长,因此潜水季结束后,巨藻将很快恢复到项目开展前的生长水平。

（2）巨藻的茎叶支撑着大型生物群落，清除项目对群落的局部影响不可避免。好在群落主要集中在巨藻固定生长点周围，巨藻切割区在固定点上方，可将影响最小化。

（3）众所周知，巨藻大大影响着沉船遗址的现有生态系统。为了监测巨藻清除对沉船和海底沉积物稳定性的影响，项目组实施了侵蚀监测计划。

巨藻清除是航海考古学会支持的研究项目的一部分，他们对巨藻清除后的影响进行了评估（Cook and Kaye，2000）。潜水季开始后，海床监测桩被埋在该遗址不同地点的沉积物中，并在潜水季结束后进行取样。通过对监测桩的分析，研究人员的结论是遗址中沉积物的侵蚀是均匀的，不受巨藻存在与否的影响。

证据表明，遗址较深处的侵蚀程度有所增加，这是由于深处有潮汐流，氧化作用增强。研究小组的结论是"在监测期间，巨藻清除对遗址几乎没有影响"（Cook and Kaye，2000：7）。

6.4 结论

从对游客计划实施情况的视频监测来看，截至目前未发生因游客进入对考古工作造成损害的事件。关于游客计划作为公众访问和教育项目的有效性，结论完全基于参与者的非正式反馈。所有参与者都非常期待在历史沉船中潜水，但这两个遗址的潜水满意度不尽相同，特别是当潜水碰上正在进行的田野工作，或仅仅只看到非常有限的文物时，参与者的潜水满意度可能相对较低。当地潜水特许运营商对游客计划的响应都很积极，他们可以通过这项计划带着自己的团队来潜水参观历史沉船。很明显，这项计划的价值无可估量，有助于消除休闲潜水员对历史沉船的排斥感。

游客计划可能并不适用于所有的历史沉船。例如，有些遗址因为大量的潜水活动，周围环境稳定性下降，有机沉积物面临风险。同样，该计划也不适用于存在高危潜水风险的遗址。尽管如此，我们还是希望更多英国海域和其他地方的历史沉船遗址能够接受游客计划这一概念，也希望能够简化许可证制度和申请流程，将个人访问批准权移交给遗址许可证持有者。如果该计划继续按预期发展，将减轻文物机构和许可证核发机构的行政负担。

第 7 章 尚普兰湖水下历史保护项目：合理地进入合适的遗址

亚瑟·B.科恩[①]

7.1 引言

沉船的价值是什么？公共水域沉船的所有权属于谁？谁控制着它们的进出通道？如何利用沉船是合理的？在过去的 15 年里，随着尚普兰湖水下历史保护项目的发展，这些问题不断演变着。事实证明，这种水下博物馆环境是一个理想的试验场地，用来展示考古界和运动潜水员如何通过共同努力来保护尚普兰湖的水下文化资源。

7.2 尚普兰湖保护区的历史

可以说，尚普兰湖在 18 世纪比今天更广为人知。在整个 17、18 和 19 世纪，该湖作为一条完整的 120 英里长的南北高速运输路线，使军队（海军）商业物品和旅行者能够在新英格兰内部通行。如今，该湖的军用和商用船已被休闲船所取

---

① 亚瑟·B.科恩为尚普兰湖海事博物馆执行董事，通信地址为佛蒙特州弗金斯市港池路 4472 号，05491。

代,但考古遗迹继续生动地展示着该湖悠久的历史。尚普兰湖的运输史永远伴随着沉船史,没有什么比沉船更能激发公众的想象力了。过去,许多历史沉船从湖里被打捞上来进行展览,但很容易遭到破坏变得难以辨认,因为如果没有适当的保护,大多离开原始环境的沉船的状态最终会不断恶化。

20年前,凯文·克里斯曼(Kevin Crisman)和作者做出了新的尝试,定位湖中的沉船并用无损水下考古技术对其进行记录。他们研究了在1815年下水,而后在1819年被烧毁的凤凰号(Phoenix)汽船。今天,这艘船的船首位于60英尺①的水下,船尾在110英尺的水下(Davison,1981)。1884年,一艘装载煤炭的19世纪标准运河船A. R.诺伊斯号(A. R. Noyes)沉入了80英尺深的水中。该船上仍然装有骡子牵引工具和煤铲碎片(Lake Champlain's Underwater Historic Preserve System,1996)。巴特勒将军号(General Butler),一艘建造于1862年的运河帆船在1876年12月的大风天中撞上了伯灵顿的防波堤,然后完全沉入了12.2米深的水中(Cohn et al.,1996)。随着对这些充满故事性的沉船事件的研究,公众的兴趣和潜水员的好奇心也与日俱增。研究结果的公布使考古学家和管理人员意识到,如果不精心策划一些进入遗址参观、探访的项目,潜水员就会在无人监督的情况下自行定位和探索这些遗址。

7.3　潜水员对沉船的探访

1985年,凤凰号、A. R.诺伊斯号和巴特勒将军号成为进入当时佛蒙特州水下历史保护项目的首批沉船。该项目由佛蒙特州历史保护中心(Vermont Division for Historic Preservation)管理,并获得了《1975年佛蒙特州历史保护法》(the 1975 Vermont Historic Preservation Act)的授权。他们与本州考古学家焦

---

① 译者注:英制中的长度单位。1英尺＝0.3048米。

万纳·佩布莱斯(Giovanna Peebles)合作,设计了一个方案以便公众安全出入合适的遗址。1987年,联邦《被弃沉船法》正式授予各州拥有其水域内沉船的所有权,并规定了合规的潜水员拥有进入沉船的权利。

佛蒙特州保护区系泊系统最重要的特点是具有季节性,该系统在春季安装并在秋季拆除,这使潜水员可以轻松地找到沉船并将他们的潜水船固定在水面上,完全消除了在遗址上方下锚的问题(见图7-1)。潜水船固定好后,潜水员沿着泊绳到达锚垫板,然后顺着游览线路到达沉船。每艘沉船下方都有解说牌,呼吁潜水员一起保护沉船遗址。

图7-1 潜水员通过系泊设施找到沉船

注:1985年,尚普兰湖水下历史保护项目执行方在3艘选定的沉船上建立了第一个系泊设施,这些系泊设施允许潜水员定位遗址点,并将他们的船固定在一个巨大的、可见的具有特殊用途的系泊球上。系泊系统提供了一种更安全的潜水机制,并消除了在沉船附近锚泊的隐患。

海岸警卫队配合当地安装系泊设施,每个设施都需要持有海岸警卫队核发的"特殊用途浮标"许可证。他们定制了项目手册和各个遗址的观光手册,向潜水员介绍合适的潜水方案和每个遗址的历史。在接下来的5年中,该旅游项目的"升级版"横空出世,项目愿景美好,其运转依托于每年5000美元的国家预算支持,最终,此项目为成千上万名各地的潜水员提供了良好的历史和娱乐体验。尽管随着时间的推移,这些遗址确实显示出人为磨损的迹象,但很少有人为破坏事件发生。值得注意的是,自该项目启动以来,保护区内未发生任何的潜水事故。

7.4　伯灵顿湾马拉渡轮

1989 年,《国家地理》杂志准备发表一篇关于伯灵顿湾马拉渡轮的文章,这是目前已知的唯一保存在北美的转盘式马拉渡轮。考虑到其脆弱性和考古敏感性,这个罕见的遗址被有意地排除在保护区项目之外。1989 年,人们决定将该遗址作为保护区开放,同时规定这艘独一无二的船只首先要做完整的考古学记录。在接下来的 4 年中,由尚普兰湖海事博物馆、佛蒙特大学和得克萨斯农工大学资助的田野考古学校三方共同承担了遗址记录工作。经过 10 年的研究,一本介绍该遗址以及北美马拉渡轮历史的书出版了(Crisman and Cohn,1998)。

1989 年,除伯灵顿湾马拉渡轮外,另一艘名为戴蒙德岛运石船(Diamond Island Stone Boat)的船只也加入了保护区系统。这艘木制运河船的大小和结构与运河船 A. R. 诺伊斯号相似,没有独立的推进装置,装载着完好无损的采石块沉没于戴蒙德岛的岩岸旁(Lake Champlain's Underwater Historic Preserve System,1996)。

7.5　水下保护区咨询委员会

在 20 世纪 90 年代初期,为了更好地管理保护区,水下保护区咨询委员会(Underwater Preserve Advisory Committee)成立了。这个特别委员会由潜水员、历史学家、考古学家和州政府官员组成,他们会定期开会讨论保护区面临的问题,并向佛蒙特州历史保护中心(Vermont Division for Historic Preservation)提出建议。从 6 月到劳动节期间的周末,他们增加了水下保护区监测员和为来访的潜水员提供现场咨询、信息和应急服务的专业人员数量。项目管理方从佛蒙特州警察局借来一艘保护船,通过每年5 000美元的州拨款来维持项目的运作。

　　1996年,委员会出版了尚普兰湖水下历史保护项目手册(Lake Champlain's Underwater Historic Preserve System,1996)(见图7-2),介绍了遗址的历史和潜水协议。当时采用了一种新的登记程序,要求潜水员每个季度进行一次登记。这样,可以收集有关项目开展情况的统计信息,管理员也可以确保所有潜水员都收到了信息手册。

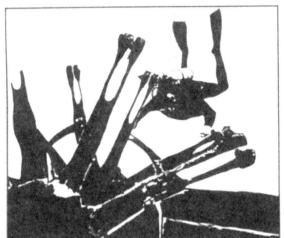

图7-2　目前使用的尚普兰湖水下历史保护项目手册的封面

7.6 遗址保护区的添加

1998年，建于1868年的蒸汽船尚普兰二世号（Champlain Ⅱ）沉船遗址成为纽约州尚普兰湖的第一个水下遗址保护区。沉船事故的调查结果显示，1875年，蒸汽船的驾驶员吸食吗啡后开着这艘船在海岸线上全速行驶。现在，48.8米的船体残骸位于4.57～10.67米深的水中。众人皆知的沉船故事及其详细的位置记录信息意味着潜水员已经了解尚普兰二世号多年。不过，将其添加到保护区名单中可以通过系泊浮标标记其位置来保护该遗址，从而减少了锚泊损坏遗址的可能性（Baldwin et al.，1996）。

同样在1998年，运河纵帆船O.J.沃克号（O.J. Walker）成为该项目的第七个遗址点（见图7-3）。O.J.沃克号虽然在20世纪80年代就被定位和研究，但当时的决定是不开放该遗址。该船沉没时船龄已有35年，其脆弱的状况备受关注。最初只有少数潜水员知道该遗址，但每年有越来越多的潜水员试图找到它并在该遗址处进行活动。1996年，在遗址的年度检查期间，潜水员发现O.J.沃克号的其

图7-3 尚普兰湖的沉船在冰冷的湖水中被完好地保存了下来
注：这张图显示了运河纵帆船O.J.沃克号的完整船首和绞盘。

中一根桅杆受到了严重锚泊损伤，并注意到甲板舱室顶已脱落（Cohn et al.，1996）。那年冬季，水下保护区咨询委员会商议了该问题，并向佛蒙特州历史保护中心建议将该遗址作为保护区开放；资金由联邦授权的尚普兰湖流域项目提供。委员会进一步建议，鉴于该遗址的脆弱性，应通过新的登记手续来控制人员访问情况。潜水员需要在特定的日期和时间进行登记，以便保护区能更好地监控遗址访问流量。这样的手续和强硬的"零影响"潜水协议非常有效，到目前为止 O. J. 沃克号上几乎未留下任何潜水活动的痕迹。

多年来，保护区对水面系泊硬件做了改进，并安装了新的系泊系统。佛蒙特州设计的黑兹利特弹性系泊系统为潜水员提供了直接的垂直下降/上升线路，从而减少了对系泊缆绳的需求，也将对海底环境的影响降至最低。

7.7　评估斑马贻贝对水下保护区的影响

几十年来，关于尚普兰湖水下保护区的一切讯息都是好消息，但是在1993 年，当在尚普兰湖中发现斑马贻贝（zebra mussel）时，坏消息来了。从它第一次无意进入湖中开始，人们就能清楚地认识到斑马贻贝最终将覆盖湖中大部分水下文化遗产。尽管斑马贻贝带来的长期影响似乎是可怕的，但尚普兰湖沉船的未来亦无法准确地预测（Lake Champlain Management Conference，1996）。海事博物馆与佛蒙特大学合作，在 21 世纪初开展了一项新研究，旨在确定斑马贻贝对历史沉船的木材和铁的实际影响（Watzin et al.，2001）。

6 处历史沉船遗址被用于研究斑马贻贝，研究人员评估了种群上方水体的化学性质。此外，每个遗址上都部署了多个沉降台，用来促进斑马贻贝种群在木材和铁质样品上的生长，以便了解斑马贻贝带来的影响。基于上述结论，初步结果表明，由于存在斑马贻贝，历史沉船残骸中的铁质构件的腐蚀速度加快。这似乎是斑马贻贝种群和沉船之间形成的微环境而导致的。该区域似乎是硫酸盐还原菌(SRB)生长的理想环境,而硫酸盐还原菌显然是导致铁质部件腐蚀的原因。

斑马贻贝的出现促使尚普兰湖海事博物馆积极发起新的湖泊调查,以便再找到剩下的沉船,并在其被覆盖之前记录下来(McLaughlin and Lessmann,1998;Sabick et al.,2000)。在过去的4年中,博物馆利用最先进的调查技术,对大约160平方英里①的湖底进行了调查,发现了40多艘以前不为人知的沉船。大多数沉船被认定为19世纪的商船,许多沉船所处的深度不足100英尺。调查发现了大量可以说是"适合开展保护研究"的沉船,这引发了人们关于尚普兰湖水下保护项目长期发展潜力和管理的争论。

7.8　未来的管理选择

1999年,尚普兰湖海事博物馆为佛蒙特州完成了一项新的管理研究,该研究旨在评估将国家保护区计划的管理权移交给私人非营利组织的可行性(Belisle and Cousins,1999)。这项研究认为,如果可以解决相关法律责任和预算的问题,这个计划是可行的。该研究还认为,作为一个统一的项目,将佛蒙特州和纽约州的遗址保护区合并在一起最具优势。但是,纽约州政府官僚机构的复杂性(在纽约州,有5个机构对本地的水下文化资源拥有管辖权,而佛蒙特州只有1个),以及这两个州之间传统的紧张关系可以追溯到佛蒙特州的伊桑·艾伦(Ethan Allen)袭击纽约州调查员的时代,这使得开展联合计划成为一项艰巨的挑战。

在考虑未来计划时,尚普兰湖的研究人员可能还要面对一些其他问题,其他地区的研究人员可能也会面临同样的问题。是否应在可见度有限的环境中提供有趣的浅水区域历史遗址体验活动? 可以向潜水员收取相关费用以维持保护区的运作吗? 应该允许采用何种方式进入涉及环境问题的遗址,例如装载燃油的拖

---

① 译者注:平方英里为面积单位,1平方英里 = 2.590平方千米 = 2.59×10⁶平方米。

船？是否能允许参观者进入一艘完好无损的装满文物的沉船？在公众可以潜入之前，是否必须先对每个遗址进行记录，并移除其中的文物？如何更好地与众多不会潜水的公众共享这些遗址，以及如何开发一些将儿童与历史和考古学联系起来的学校课程？新的调查技术可以在任何地方找到遗址，而新的潜水技术也正在扩大潜水员的活动范围。由此带来了新的问题，对于那些想要探访原始深水遗址的技术型潜水员，管理方又应该制定什么样的规范呢？

7.9 结论

在尚普兰湖，通过提供一些深度合适的考古遗址，已经创建了一个成功的项目。该项目促进了潜水员之间的合作，并在潜水员群体中形成了一种保护理念。现在面临的挑战是如何管理这一项目以满足潜水员们的期望，同时仍保持那些脆弱的考古遗址的完整性。随着调查和潜水技术的进步与普及度的增加，无论有没有考古学家参与，这些遗址终会被发现和探索。

21世纪初，纽约州委托了一项有关扩大水下保护项目可行性的研究。这是激动人心的进展，有助于刺激由联邦政府资助的尚普兰湖流域项目拨出资金用于发展水下保护区的建设。现在，制订一项周到的、合理的计划将有助于确保潜水员更安全地进出遗址，也能更好地保护尚普兰湖独一无二的水下文化资源。越来越多的人意识到，现在是时候对合适的遗址开放合理出入权了。

第 8 章　佛罗里达州水下考古保护区

德拉·A.斯科特-艾尔顿①

8.1　引言

　　佛罗里达州水系资源十分丰富,主要以内海、海湾、河流、湖泊和小溪等形式存在。几个世纪以来,这些水系资源在商业、战争、移民拓荒和旅游等领域发挥了重要的作用。水系资源的长期利用带来了深厚的文化积淀。这些文化积淀主要表现为大量的沉船或弃船,为考察早期文化和生活方式的演变提供了重要的信息载体。不过,自潜水头盔技术出现以来,佛罗里达州的一些沉船频频遭受寻宝者的私自发掘,导致水下文化资源的观赏价值遭到破坏。通过打造水下考古保护区系统,佛罗里达州创新性地实现了沉船遗迹的公共阐释和水下文化资源的有效管理(见图 8-1)。

8.2　佛罗里达州水下考古保护区的发展历史

　　自 20 世纪 80 年代起,佛罗里达州历史资源部的水下考古学家在沉船保护方

① 德拉·A.斯科特-艾尔顿任职于佛罗里达州州务院历史资源部考古研究所,通信地址为佛罗里达州塔拉哈西市南布罗诺街 500 号,32399-0250。

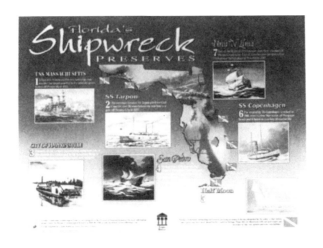

图 8-1　佛罗里达州的水下考古保护区分布在该州的各种环境中

面另辟蹊径,将沉船看作一种急需保护并留存后世的不可再生历史资源。为了达到上述目标,该机构将佛罗里达州东海岸沉没的 1715 年西班牙珍宝船队(Spanish plate fleet)其中一艘沉船指定为该州首个水下考古保护区。这艘沉船为乌尔卡·德利马号(Urca de Lima)平底货船,船主是米格尔·德利马(Miguel de Lima),沉船地点位于今天的匹尔斯堡附近。20 世纪,该船队的首艘沉船被发现,但船上的舰炮和船锚早已不知所终。对于寻宝者来说,沉船附近暴露的木材和压舱物或许并没有多大的价值,但它们却对潜水爱好者具有很大的吸引力,在当地政府与州政府的共同努力下,该遗址于 1987 年被指定为佛罗里达州的第一个水下考古保护区。保护区是文化资源管理的实验,事实证明它获得了潜水爱好者的广泛欢迎,也使该遗址免受进一步商业打捞的威胁。

得益于在首个保护区项目上取得的巨大成功,佛罗里达州州务院决定在此基础上进一步扩展项目规模。1988 年夏,由佛罗里达州水下考古学者牵头,佛罗里达州立大学和印第安纳大学共同成立了田野学校,对 1733 年西班牙珍宝船队的沉船地进行了调查。沉船残骸散落在佛罗里达礁岛群沿线 80 英里长的海域里。作为潜水胜地,这里风景秀丽,拥有丰富的海洋生物和多彩斑斓的珊瑚,但由于长期的打捞和文物采集活动,大部分沉船都受到了一定程度的破坏。学生们重新定位和评估了 11 处沉船遗址,根据遗址的公众可及性、海洋生物存量、考古学特征、可解读性等指标确定哪些遗址最适合设立为保护区。荷兰建造的大型帆船圣佩德罗号(San Pedro)沉没在伊斯拉摩拉达岛附近,在 1989 年作为最佳候选,被列为该州的第二个水下考古保护区。

其后,蒸汽明轮船霍金斯维尔市号(City of Hawkinsville)沉船遗址被确定为第三个水下考古保护区的最佳候选地。霍金斯维尔市号于 1921 年被遗弃,目前沉没在老城区萨旺尼河沿岸水面以下,船体保存完好。甲板上仍矗立着蒸汽设备,明轮辐条在浑浊的水面下依稀可见。在志愿者的协助和当地政府的支持下,该沉船遗址于 1992 年被确定为保护区。

1993 年,美国现存历史最悠久的战舰——马萨诸塞号战列舰(USS Massachusetts,舷号 BB2)沉船遗址被确定为佛罗里达州第四个水下考古保护区。1893 年服役的马萨诸塞号曾参与美西战争,1921 年在彭萨科拉沿海被击沉。马萨诸塞号现位于水下 30 英尺处,附近水质清澈,船上的两个炮塔在退潮时依稀可见,附近海洋生物种类繁多,是绝佳的潜水点。虽然船体有些破损,但该战舰的很多特征仍清晰可辨,因而经常有潜水爱好者到访。

1994 年,佛罗里达州在东海岸庞帕诺比奇海滩附近的哥本哈根号(SS Copenhagen)沉船遗址处设立了该州第五个水下考古保护区。哥本哈根号是一艘纵帆式螺旋桨推进蒸汽机船。1900 年,哥本哈根号运载煤炭前往哈瓦那,在满速行驶时撞到浅海暗礁搁浅。虽然船上的货物得到抢救,船只却完全损毁,多年过后,船体完全与水下的石灰岩礁融为一体。在墨西哥湾暖流的作用下,很多海洋鱼类和无脊椎动物开始在此处栖息,使该沉船地成了广受欢迎的浅水域潜水和浮潜胜地。

佛罗里达州第六个水下考古保护区位于塔彭号(SS Tarpon)沉船遗址。该船是一艘商业蒸汽机船,在其服役的 30 年间,曾在墨西哥湾定期往来于路易斯安那州的新奥尔良市和佛罗里达州的阿巴拉契科拉市之间。1937 年,由于严重超载,塔彭号在一场大风中沉没,事故造成 18 人丧生。1997 年设立的塔彭号水下考古保护区坐落在距巴拿马城度假中心 10 英里处,水深达 100 英尺,是佛罗里达州最深的水下考古保护区。

而佛罗里达州第七个水下考古保护区的设立过程是与当地相关利益者合作的范例。该保护区内的沉船为 1908 年德国建造的纵帆式赛艇日耳曼尼亚号(Germania);德皇威廉二世拥有一艘几乎完全相同的姐妹船。日耳曼尼亚号在德国和英国举办的帆船赛上成功行驶多年。一战爆发后,该船被英国缴获,后辗转至美国,被当时的海军副部长收购,并被重新命名为半月号(Half Moon)。后来,该赛艇又被出售至美国南部的迈阿密,在那里结束了它的职业生涯,作为水上船房和钓鱼艇使用。20 世纪 30 年代,该赛艇在迈阿密附近的比斯坎湾沉没。如今,该沉船的铬镍钢式船体轮廓仍清晰可见,沉船处栖息着龙虾、珊瑚、海绵、大型河豚等生物。在英国和德国的海洋历史学家的协助下,迈阿密大学、当地潜水设备店、游艇俱乐部和比斯坎岛自然中心展开合作,完成了对该沉船的历史研究。研究人员向迈阿密当局提交了设立保护区的建议,由此,半月号水下考古保护区于 2001 年 4 月正式设立。

8.3 水下考古保护区的成立、解读和管理

自第一个保护区于 10 年前设立以来,佛罗里达州对水下考古保护区的设立方法进行了大幅度的改进。每条沉船都具有独特性,需要运用不同的策略才能将其打造成为保护区,但在此过程中,佛罗里达州形成了一套卓有成效的模式,以确保公众和当地机构能够持续性地参与到项目建设中来。例如,市民和游客可以通过邮寄表格或登录佛罗里达州历史资源部保护区网站等形式提名具有成为保护区潜在价值的遗址。本州的考古学家会对被提名的遗址进行考察,确定其是否符

合设立保护区的标准(该标准在圣佩德罗号项目中由当时的田野学校制订):沉船必须位于本州水域以内、具备安全的潜水条件、对公众开放、具有可辨识的特征和有海洋生物栖息。另外,沉船的历史和船只本身的身份也需要进行研究和记录。满足这些条件之后,下一步则是走访保护区附近的商业机构、本地商会、博物馆、游艇和钓鱼俱乐部、潜水设备店和其他有可能对新保护区提供支持和协助的组织。同时,在州政府工作人员的协助下,项目组还鼓励相关人员成立当地的"沉船之友"等组织来为保护区的设立提供宣传和策划服务。民间团体曾在筹集资金、开展历史研究、撰写书籍和文章、募集企业捐款和提供服务等方面发挥了重要作用,为保护区的设立起到了推动作用。

然后,本州的考古学家会对遗址进行调查和记录,同时准备一份详细的遗址规划图。这一工作通常由考古志愿者完成,这期间,他们为项目的完成提供了有益的服务和协助。为了教授志愿者田野作业的方法,项目方会联合当地的潜水设备店成立工作室,开展潜水员考古记录培训。通过泳池训练和开放水域培训,潜水员可以获得必要的实践经验,顺利结业之后,他们就可以协助考古学家对沉船遗址进行测绘了。

在完成遗址规划图和沉船历史研究之后,项目组会召开一次面向公众的会议,向当地市民和商业机构正式公布设立保护区的提案,并解答相关的问题。在召开公开会议的同时,通常还会举办一次由地区专家和主讲嘉宾参与的本地海洋史会议。设立保护区的提案通常会通过报纸、电视、杂志和广播等媒体予以公布,内容通常包括遗址规划、船舶历史、保护区潜在的经济和教育价值等。提案的传播可带来广泛的公众支持,进一步对州水下考古保护区的最终设立产生推动作用。

水下考古遗址的解读则通过多种形式实现。项目组会印发宣传册,从沉船的历史、沉没原因、水下环境、沉船特征、遗址的方位和潜水指南等方面进行解读。另外,宣传册还包含一些特殊的信息,如岸边举办的摄影和文物展览等信息。佛罗里达州历史资源部在其水下考古保护区网站页面会更新相关的图片、遗址方位、官方的遗址平面图和新保护区的历史信息。同时,该部门还为潜水爱好者制订了包含遗址平面图、遗址特征和海洋生物等信息的指南。该指南做了塑封处理,同时配有一个挂绳孔,方便潜水人员携带,随时查阅以确定遗址周边的方位和船只各个部位(见图8-2)。当地博物馆或相关机构通常会在遗址沿岸举办展览,展出有关的文物、摄影资料和其他信息。最后,历史资源部还会举办一场揭幕仪式,颁发牌匾,宣布沉船点正式成为州级水下考古保护区和佛罗里达州文化遗产。保护区还是佛罗里达州海洋遗产游览线路的主要组成部分。该线路提供六大游览主题,包括:沉船、灯塔、港口、海岸炮台、社区和环境。另外,项目开发过程中收集的信息和历史资料还用于国家史迹名录的申报;到目前为止,佛罗里达州的所有保护区都已列入该名录。

图8-2 引导潜水员游览水下考古保护区的塑封水下指南

佛罗里达州水下考古保护区实施被动式管理。保护区通常"承包"给当地的潜水用品店或潜水俱乐部,由他们安排遗址区域的定期清理、清除标牌上的生长物等工作。州政府工作人员每年对各保护区进行一次视察,主要关注保护区状况的变化以及变化的程度(如果有的话)。必要时,相关人员会对系泊浮标进行维修、清理或更换。无论是开展水上运动展览、包裹投递(时),还是在游客信息中心和潜水用品店等场所,工作人员都会尽可能地发放宣传册(见图8-3)。另外,保护区的宣传海报也发挥了作用。

图8-3 每个保护区都有一本宣传册面向公众发放

这一管理框架,迄今已经历了多次尝试和实践,但仍有很大的改进空间。一般情况下,"沉船之友"成员负责解答并解决游客提出的与沉船遗址有关的问题。例如,为了保护哥本哈根号区域多样的水族馆式的生态环境,成员会劝说游客不要捕捉附近的鱼类(包括热带品种)。相比之下,马萨诸塞州号沉船遗址是彭萨科拉区域仅有的几个不使用电子设备也可以被定位的人工鱼礁之一,经过几十年的发展,该处已然成为热门的钓鱼胜地。系泊浮标的布设位置也由组织成员来确定。为了防止锚泊对遗址造成破坏,以及向潜水者提供方便的水下标线,佛罗里达州大多数水下考古保护区都布设了浮标。然而,对于马萨诸塞州号这类300英尺长的钢质战列舰来说,很少有什么因素能够对其造成破坏;实际上,如果在潮汐水位变化期间将小型船系在浮标上,接触到马萨诸塞州号炮台的船只很可能遭到损坏。各遗址的标牌也各不相同。青铜质标牌似乎效果最佳;嵌入水泥基座之后,这些标牌可起到永久标志物的作用。在霍金斯维尔市号遗址,有一座刻有所有赞助人姓名的纪念碑;而在马萨诸塞州号遗址,标牌处则复原了一尊曾优雅地矗立在马萨诸塞州号前炮塔的胜利女神像。

8.4 经验和教训

十多年来,佛罗里达州在设立水下考古保护区的过程中积累了大量的经验和教训。其中最为重要的一个方面是群众的广泛参与——公众参与是佛罗里达州水下考古保护区得以成功的关键。新保护区项目启动伊始,相关部门就开始发动当地社区,为项目创造可持续的推动力和关注度。保护区主要由市民、游客、教师、出租船船长、潜水用品店店长和学生等提名。州政府项目组会对社区层面的请求做出回应,向他们提供遗址记录和研究等细节方面的技术支持,并为"沉船之友"组织的建立提供支持、指导和帮助。当地居民则通过参与历史文化保护和旅游宣传活动,对当地独特的海洋文化遗产产生了强烈的自豪感。由于能够从旅游业中获益,商业机构也会对保护区提供大力的支持。当地的潜水爱好者和潜水机构都会不遗余力地对沉船遗址进行保护。

佛罗里达州水下考古保护区系统的优势主要来自该系统每年能够吸引大量的潜水爱好者。佛罗里达州的海洋、溪流和河流等潜水地水质清澈,水温适宜,使其成为炙手可热的潜水度假胜地。通过结合教育、娱乐、遗产旅游等元素,水下考古遗址为佛罗里达州的旅游业提供了巨大的吸引力。此外,他们还利用宣传册、指南和展览等方式对遗址进行宣传和解读,引导潜水爱好者将潜水活动的主题从文物收集转向知识学习。

当然,佛罗里达州保护区项目也存在一定的不足之处,其中之一是州政府不能对各遗址的游客数量进行准确的监测。经营遗址游览业务的潜水用品店和包船商可以提供粗略的统计数据,但具体的数据则很难掌握。比如,很多国际游客都会造访佛罗里达州南部地区,但究竟有多少人去哥本哈根号水下考古保护区潜水,则没有准确的量化统计方法。游览塔彭号水下考古保护区的大多是本地潜水者还是外地游客？博物馆的展品是否对游客的潜水活动起到了促进作用？保护区面临的另一大挑战是如何生成准确的游览数据。

设立水下考古保护区、公园和游览线路需要考虑方方面面的问题。从文化资源管理角度来说，保护区利用率的攀升并不符合遗址保护的原则。从旅游业的角度来说，景点类型的多样化有利于吸引潜水爱好者，且相对于主题公园来说，水下考古保护区更具有"佛罗里达州特色"。从考古学角度来说，佛罗里达州的市民和游客可以接受关于沉船实际价值方面的教育。官方希望通过这些教育，帮助他们养成一定的保护意识，而不是参与文物收集和消费等活动。从潜水爱好者的角度来说，沉船是具有历史和特征的潜水点，为探索当地的水域资源提供了良好的机会。

佛罗里达州水下考古保护区系统旨在通过娱乐促进教育，倡导水下文化资源的保护。佛罗里达州当地拥有可及性较高的沉船遗址资源，同时这些沉船通常位于温暖的近海、浅水河和清澈的溪流中。跟州政府所有的土地资源一样，这些历史文化资源属于佛罗里达州人民，而本州的考古学家仅负有管理责任。通过鼓励市民接纳水下考古保护区，学习沉船的历史，维护沉船遗址的现有状态，在市民之间逐渐形成了一种管理责任感，有利于防止历史资源遭到破坏和滥用。通过公共教育和资源开放，市民还逐渐养成了"主人翁"意识，有利于激励当地民众主动充当海洋遗产的监护人。最终，通过设立水下考古保护区，沉船遗址得以记录、开发、解读和保护，为未来的发展奠定了基础(见图8-4)。

8.5 水下考古保护区的问题

目前，佛罗里达州保护区系统的规模在不断增长，全州有多项新保护区提名正在审议。有些候选遗址并不适合成为保护区，如位于佛罗里达州之外的沉船，

图 8-4　保护区系统鼓励潜水员去参观和了解佛罗里达州的历史沉船

或深度较深无法保证潜水安全的沉船。有些沉船处于州分界线上,存在所属不清的问题,因此会引发较大的争议。比如,有群众提名了一艘美国内战时期的平底蒸汽机船。这当然是一艘历史沉船,由于有硕士论文对其进行了专门的研究,该船的历史也得到了梳理。这艘沉船附近水质清澈,并且位于州立公园内,但是沉船仅剩一些船底龙骨矗立在沙地之上,缺乏视觉美感。那么对于这样的沉船,应当如何处理呢? 如果将其设立为保护区,会吸引更多的游客,并帮助他们了解此类船只在河道战役中发挥的作用。不过,对其不甚了解的潜水爱好者可能会在潜水探访过程中破坏沉船脆弱的沙质保护层,使剩余的木材遭受进一步的腐蚀。这种情况下,将其设为保护区可能就不是最佳的资源利用策略。对于主动凿沉并作为人工鱼礁的船只,是否设立保护区也是一个有待商榷的问题。尽管这些船只不是以"自然方式"沉没的,但是有些船只依然具备一定的历史背景价值,可以被认为是历史文化资源,也具备成为很优秀的保护区的可能性。

　　另外,是否应当对个别遗址进行"加固"也是一个值得讨论的问题。例如,乌尔卡·德利马号和圣佩德罗号遗址最初是由寻宝者发现的,船上的舰炮和船锚都已被他们带走。在这些沉船上增设水泥舰炮复制品可以让游客更好地理解沉船原本的样貌,同时还可以丰富潜水爱好者的潜水体验。目前,这些舰炮复制品已经覆盖有厚厚的海洋生物,看起来几乎与真品没有什么两样。但是,对这些遗址的改进方法符合考古原则吗?

8.6 结论

佛罗里达州保护区系统经常会收到有关沉船的提名,且在任一时间段,该系统都会至少针对一处保护区的设立问题进行研究和处理。目前,有高中生在考古学家的指导下正在对圣奥古斯汀的一艘蒸汽机船进行研究和测绘,这是他们的班级活动。该沉船的具体身份仍然有待确定,不过具有较大的潜力会成为新的保护区。佛罗里达州南部有一个非营利性业余考古团队正在对一艘名为洛夫特斯号(Lofthus)的挪威三桅帆船进行测绘,并提交了该船成为水下考古保护区的提名。该船的沉没地位于博因顿滩附近。另外,布雷登顿海滩的一家潜水用品店对一艘20世纪40年代沉没的运糖船瑞吉娜号(Regina)发起了提名,该船有望成为佛罗里达州西海岸的第一个水下考古保护区。佛罗里达州一处泉水中的史前遗址可能是最特别的新保护区候选地。到目前为止,成为水下考古保护区的沉船都是大型的、观赏价值较高的船只,但是佛罗里达州还拥有大量早期美国原住民遗址,这些遗址附近通常还留有他们狩猎的巨型动物化石。目前,已经有人发起了相关的提案,提议在可及性较高的清澈泉水水域利用化石模型和石器复制品对遗址进行重建,作为浮潜和玻璃底船游览景点。这一"更新世公园"一旦获得批准,将成为佛罗里达州独一无二的史前水下考古保护区。

佛罗里达州运行着世界上最大的保护区项目,并不断致力于保护区系统的拓展和改进。佛罗里达州的考古学家希望该州会拥有代表佛罗里达州海洋遗产各个方面和具有时代特征的数十个水下考古保护区。

第9章 画岩国家湖岸区之下

约翰·R.哈尔西[①]、彼得·林德奎斯特[②]

9.1 引言

阿尔杰县五大湖区州立水下保护区(Alger Great Lakes State Bottomland Preserve)是依据1980年密歇根州《第184号公法》最先设立的两大保护区之一。目前,保护区的数量已增长至11个。阿尔杰县保护区位于苏必利尔湖沿岸,与密歇根州上半岛的森林、砂岩峭壁、海华沙国家森林公园的大型沙丘以及画岩国家湖岸区(Pictured Rocks National Lakeshore)(见图9-1)等壮丽自然景观遥相呼应,是最负盛名的旅游目的地之一。在阿尔杰县保护区内,已知的沉船就有20多艘,加上该地区清洌清澈的水质,使其成为五大湖区最受欢迎的沉船潜水地。然而,这片美丽的水域,五月份冰期仍未结束,而到劳动节时潜水季基本已经结束了。在本章,我们将考察当地企业家、本文共同作者彼得·林德奎斯特(Peter Lindquist)是如何将一家仅经营潜水设备租赁业务的企业,拓展为集潜水设备租赁和玻璃底船观光等业务为一体的企业。在1998年,13 000多名非潜

---

① 约翰·R.哈尔西任职于密歇根州历史中心州考古学家办公室,通信地址为密歇根州兰辛市,48918。
② 彼得·林德奎斯特任职于沉船旅游公司,通信地址为密歇根州穆尼辛市商业街1204号,49862。

水游客有机会与这些沉船进行零距离接触,本章也会了解当地社区现在是如何看待这些之前无法到达的旅游景点的。另外,本章还将讨论密歇根州其他保护区所取得的重大成就,包括萨尼拉克海岸水下保护区在水下设立的该州首个水下拔河赛历史标牌(1873—1920 年)(Peters and Ashlee,1992;Stayer and Stayer,1995:73 - 80),以及麦基那克海峡保护区提供的水下考古技术基础培训课程(Harrington,1990)。

图9-1 壮观的砂岩峭壁和苏必利尔湖冰冷清澈的湖水使画岩国家湖岸区成为中西部上段的主要风景区之一

9.2　密歇根州五大湖区州立水下保护区

位于北美大陆中部的五大湖区是世界上最大的彼此相连的淡水湖体系（Sommers，1977:43），湖区淡水总储量占世界淡水资源的四分之一（National Geographic Society，1978:145）。苏必利尔湖、密歇根湖、休伦湖、伊利湖和圣克莱尔湖流经密歇根州内的流域面积为 38 504 平方英里，占五大湖区（包括安大略湖）约 95 000 平方英里总流域面积的 40%左右。密歇根州流域的水下总面积要比匈牙利或葡萄牙的陆地面积还要大，在美国各州面积中排名第 13 位。在密歇根州，有 1 300 多处水下沉船遗址，最早的沉船为失踪于 1679 年的拉萨尔狮鹫号（LaSalle's Griffon）。

20 世纪 60—70 年代，密歇根州自然资源部推出了一系列旨在保护沉船遗迹或限制大规模移除沉船文物的举措（Halsey，1985）。不过，很多潜水爱好者对大多数举措持坚决反对或完全忽视的态度。然而，到了 20 世纪 70 年代末，即便是骨灰级的收藏者也不得不承认，按照当时沉船遗迹被破坏的速度，未来密歇根州内水域的休闲潜水活动将受到威胁。最终，密歇根州立法部门于 1980 年通过了《第 184 号公法》。该法案要求，从事水下打捞工作必须持有美国国务院和自然资源部共同签发的许可证，进而建立了水下打捞的正式程序。同时，该法案还要求自然资源部设立"五大湖区州立水下保护区"。这些保护区可以以休闲和/或历史为价值导向，面积不得低于密歇根州总流域水下面积的 5%，即 1 925 平方英里左右，相当于特拉华州的面积。

在之后的 8 年里，该法案的缺陷日益显现，于是，1988 年法案的修订案《第 452 号公法》获得通过（Halsey，1989，1990）。新法案明确禁止在提取水下文物时使用任何形式的机械或其他辅助手段。法案明确了自然资源部和国务院许可证的申请流程，并增加了许可证持有人应当承担的责任，包括打捞开始前须提交相应的清理计划;禁止或限制可能的污染物排放;打捞作业期间及作业完毕后禁止伤害、损坏或破坏未获得授权清理的遗址或财物。法案还大幅提高了违法的惩罚标准:提取或损坏市场价值在100美元或以上的废弃财物的行为属于重罪,可判处2年以下有期徒刑,单处或并处5 000美元以下罚款。另外,法案还规定,对所销售的船只、机械或其他辅助设备、潜水设备、声呐设备、机动车辆和其他任何涉嫌违反本法而使用的设备及仪器予以没收。设立保护区所需的水下面积也由原来总水下面积的5%提高到10%,即3 850平方英里,相当于波多黎各的面积。

长期以来,有关州属沉船遗址潜水员伤亡的责任归属问题一直是个悬而未决的难题。为了解决这一问题,该法案借鉴了滑雪场运营商的成功做法,对其相关法律规定的措辞进行了改进,防止保护区管理方成为人身伤害诉讼的被告方。该法案规定:

> 任何参与五大湖区潜水运动的个人,都必须接受该项运动所涉及的明显、潜在的危险。此类危险包括但不限于:因与沉没船只或飞行器纠缠而造成的伤害;因沉没船只或飞行器的保存状况问题而造成的伤害;因沉没船只或飞行器的位置问题而造成的伤害;因州政府未能为水下保护区工作人员或项目拨付款项而造成的伤害;因保护区内物品和水底深度而造成的伤害。

另外,更为重要的是,该法案还规定,在各保护区内故意凿沉不多于一艘"与五大湖区航运史相关的船舶"是合法的,但州政府不得就船舶的采购、运输或凿沉花费资金。最后这条规定坚持了密歇根州立法机构的原有立场:不对保护区内相关事务的执行、管理或解释等提供资金支持。这相当于说,"保护区内发生的任何事务都必须依赖私营化的举措和资金保持运营",而实际情况也正是如此。关于"故意凿沉"船只的话题将会在后文探讨。

9.3 水下公园与水下保护区:两者的区别是什么?

在密歇根州最初对沉船遗址进行立法时,公众或大众媒体并没有严格区分

"水下公园"和"水下保护区"这两个概念。可以说,公众对这两者概念上的混淆有着长久、根深蒂固的原因(Warner,1974)。在最初的立法提案中,"水下公园"被想象成一种有组织地开展水上娱乐活动的场所,涉及游船、潜水运动及其服务设施;讲解项目(包括陆地和水下);环境、历史研究和教育项目。当时,这类公园的发展还处于萌芽阶段,同时,由于加拿大安大略省的五英寻国家海洋公园就位于休伦湖布鲁斯半岛北部,因此公园规划者和五大湖区的潜水爱好者对这类公园也是相当熟悉的(McClellan,1985)。

而水下保护区则很难让人直接联想到具体的实物设施。它们相当于陆地上的自然或荒野区域,按照特定坐标在水上划定虚拟分界线,面积通常为若干平方英里。同时,大多数人认为此类保护区的监管也会比较松散。

9.4 阿尔杰县五大湖区州立水下保护区

阿尔杰县保护区设立于1981年6月,成立之初即获得了当地商会、历史协会、扶轮社、穆尼辛市以及阿尔杰县警察局的广泛支持。保护区占地293平方千米,西边界为奥特雷恩角,东边界为奥萨博角,向湖区(北)延伸45.72米等深线。最初的保护区宣传手册仅列举了13个潜水点,包括7个沉船遗址、4个水下岩层和洞穴、1个码头旧址、1个有鱼类栖息的水草河床。从潜水的角度来看,保护区存在的主要问题是区域过长(大约64千米)、沉船之间距离较远,以及湖岸缺少遮蔽,致使这个世界上最大的淡水湖出现天气情况恶化时潜水船无处避险的问题。在官方正式指定设立保护区之前,一些当地的项目推动者就希望通过在避风水域人为放置一艘或多艘船舶的方式来设立额外的潜水点,即适合恶劣天气的潜水点。在20世纪80年代初,人为凿沉船只,也就是通过"假冒"的方式创设景点,一直是本地潜水爱好者(但并非全部是当地居民)讨论的话题,但州政府始终以此方案的理论和实践问题(即责任归属)为由持反对态度。

9.5　阿尔杰县水下保护区委员会的举措

在密歇根州各大保护区中,阿尔杰县保护区一直是最为活跃的保护区。作为阿尔杰县水下保护区委员会的早期举措之一,他们对1985年到访保护区的潜水员进行了调查研究,评估潜水员对当地经济的影响。本次调查从大约6000名潜水员(以及数量无法统计的非潜水伴游人员)中选择了133名作为研究样本,结果显示,仅潜水员在阿尔杰县的消费就超过200万美元(Alger Underwater Preserve Committee,Inc.,1985)!

阿尔杰县湖底岩床基本为砂岩,底部的疏松砂岩会周期性地将沉船部分或全部覆盖。1988年,保护区委员会获得了资金,开始对沉积在水下27.4米处保护区最重要景点——木质散货船史密斯·莫尔号(Smith Moore)(1880—1889年)之上的531.5立方米的沙子进行清理。清理行动获得了圆满成功,但是由于任何试图移动苏必利尔湖沙子的尝试最终都是徒劳的,这样的清理行动就没有继续下去。

自从五大湖区兴起潜水运动以来,史密斯·莫尔号一直都是热门的潜水目的地;沉船旁几乎所有的散落文物,无论大小,都已被移除。不过,一对堂兄弟在该区域潜水时,在沉船遗址处偶然发现了两个煤炉格栅,后来它们被安装到了船上原来的位置(Laraway,1994)。

同样在1988年,美国国家公园管理局在当地保护区潜水员的帮助下对画岩国家湖岸区水下的文化资源进行了彻底的清点。此次调查总共记录了23处沉船遗址,是选定保护区时已知沉船数量的3倍,提高了保护区作为潜水目的地的吸引力。清查报告不仅提供了该地区的航运历史背景,还详细介绍了苏必利尔湖商业船只的发展顺序。报告包含遗址描述和分析、沉船平面图和历史图片,同时还对每艘船只的历史和沉船事件进行了描述(Labadie,1989)。虽然本次调查由美国国家公园管理局主持,但沉船遗址所在地并没有像设立罗亚尔岛国家公园时那样文物所有权转交给联邦政府,所以这些沉船遗址仍然是密歇根州的财产。

阿尔杰县保护区最著名的潜水点之一百慕大号(Bermuda,1860—1870 年)是一艘基本保持完整的运河纵帆船,高 43 米,躺在格兰德岛默里湾约 10.7 米深的平坦的砂质湖底,甲板至水面深度仅为 3 米左右(见图 9-2)。由于该沉船状况良好、深度较浅、水质清澈、鱼类友好度高(即潜水员可给鱼类喂食),因此该沉船成了五大湖区游览量最高的遗址之一(Harrington,1998:72;Kohl,1998:373 - 377)。尽管该景点热度很高,但潜水员在这里的逗留时间通常不会超过 30 分钟,因为他们已经把所有可看的都看完了。为了向潜水员宣传沉船的考古和自然资源价值,保护区委员会联系了航运研究协会,在五大湖区美国的一侧设立了首个水下解说游览线路。该线路获得了密歇根州自然资源部海岸地区管理项目的资助,设立了 17 个停靠点,每个停靠点都有标有数字的彩色塑封板,放置在不易察觉的地方,以免干扰水下摄影活动。当地的潜水设备租赁商提供免费的水下展板,用以介绍各停靠点的特色。潜水员可以了解到船舶建造、货物以及这些货物对于美国中西部地区建设的重要性等方面的知识,另外还能了解沉船遗迹处活跃的鱼群种类,甚至包括小型淡水海绵等生物的知识。该线路的设立获得了良好的

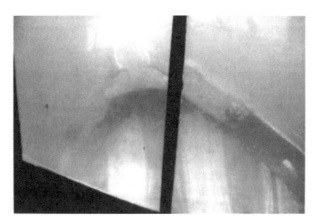

图 9-2 纵帆船百慕大号的船首位于格兰德岛默里湾海平面以下 3.66 米处

反响,与之前平均 30 分钟的逗留时间相比,某些潜水员在百慕大号进行了一次潜水后,还会返回再次参观(Anonymous,1993)。

如上文所述,1988 年的《第 452 号公法》允许一个保护区人为凿沉一艘船。而该法案没有提及的是,凿沉一艘船的难度有多大。为了弄清楚人为制造沉船的相关要求,密歇根州官方委托第三方撰写了一份研究报告(Harrington,1993)。研究认为,故意制造沉船需要获得多个州、联邦部门的许可,同时还涉及各方面的考虑,如沉船的放置、地点、深度以及最重要的清理问题。备选船只上所有的石棉、多氯联苯、燃油、润滑油等都必须彻底清除并妥善处置,引擎、底舱等部位必须拆解(如必要)并彻底清理。现实中,要凿沉一艘废弃的矿砂运输货船,即便是能找到作业停靠的码头,但是要在数年内仅靠志愿者的力量就想完成一艘 213.3 米长船舶的全船清理工作无异于痴人说梦。最终,一艘废弃的 21.6 米长的拖船史蒂文·M.塞尔维克号(Steven M. Selvick,1915—1996 年)被确定为备选船只。

严格来说,塞尔维克号并不是第一艘被人为凿沉的船只。1989 年 12 月 4 日,美国海岸警卫队的接应船梅斯奎特号(Mesquite)在苏必利尔湖的基韦诺角 3.6 米深的水中搁浅;事故发生时船只受到了损坏,在岩礁上度过一个冬天之后,梅斯奎特号完全损毁。搁浅期间,该船只接受了一般性清理,如清除柴油。最终,该沉船的所有权转移给了密歇根州,除船舷水上部分以外,这艘退役的梅斯奎特号被重新吊装,并转移到西南方几千米外的基斯通湾 30.48 米水深处(Stonehouse,1991)。实际上,这艘船当时已经沉没,唯一的问题是如何将其转移至另一个地点。自此之后,梅斯奎特号成了基韦诺五大湖区州立水下保护区的主要景点之一。

塞尔维克号沉船的前身是 1915 年在克利夫兰下水的蒸汽拖船洛雷恩号(Lorain)。该拖船在五大湖区服役时间较长,主要活跃在各个建筑工地之间。在斯特金湾服役多年之后,塞尔维克号进入码头整修一年,后来发现该船只的铆结钢船体锈蚀严重,已经无法修复。经过多轮谈判之后,海岸警卫队和威斯康星斯特金湾拖船处最终将其捐赠给了保护区。1994 年,在皮特·林德奎斯特和迈克·科胡特(Mike Kohut)的安排与监督下,塞尔维克号由密歇根湖的斯特金湾托运至苏必利尔湖的穆尼辛湾(Harrington,1998:80-81;Lindquist,1995)。

志愿者几乎耗费了两年之久才彻底将塞尔维克号清理完毕,并通过售卖印有"我为史蒂文·M.塞尔维克号的沉没贡献力量"字样的帽子和 T 恤筹集了一定的资金。一整个冬天,志愿者都在结冰的塞尔维克号上工作。1996 年 1 月 1 日,在州政府和工程兵团的批准下,塞尔维克号开始注水,并很快沉入苏必利尔湖东部格兰德岛的鳟鱼角水下 18.3 米处。如今,塞尔维克号左舷侧横卧水底,潜水爱好者可以很容易地观赏到沉船的驾驶室和轮机舱。在沉入水底之前,蒸汽机区域的甲板就已被移除,以提高潜水的安全性。出于同样的原因,该舰船的舱门也被永久性地打开。船舵在沉船时脱离,散落在船体附近。

9.6 从潜水运动到玻璃底船观光

1980 年,皮特·林德奎斯特在与当地潜水租赁商和专业潜水员汤姆·贝斯(Tom Bathey)合作多年后,开始在穆尼辛市经营自己的潜水设备租赁业务。多年来,林德奎斯特逐渐意识到,除了潜水爱好者对沉船感兴趣外,其他公众也对沉船遗址抱有广泛的兴趣。他思考如何才能让非潜水员也能够欣赏到沉船景观并体验到潜水的刺激感,于是他把这一想法告诉了贝斯。贝斯认为应该为非潜水员推出一项游船旅行服务,并让富有经验的潜水员利用摄像机进行水下拍摄,这样船上的游客就可以观看沉船的景象。林德奎斯特考虑过这一方案,但最后认为该方案的成本太高,并且游客一次仅能观看一处沉船遗址,聆听一个沉船故事。肯定还有更好的方案。

林德奎斯特意识到,在紧邻穆尼辛湾的水域,游客可以直接乘船并从船舷侧观赏到多处沉船遗址。他想起了每到国庆节时都有大量的游客聚集在滨水的城市公园,因此他决定在此地为非潜水员提供以"独立日"为主题的船舶租赁服务,方便游客欣赏此处的沉船。而问题是,每艘游船一次仅能搭载 6 名乘客,很难实现盈利。

后来,他不断思考如何才能让非潜水员也能够欣赏到沉船遗址。有一天,他在码头上散步时,注意到一艘名为迪维马斯特号(Divemaster)的潜水租赁船停靠在码头,该船可载 18 名乘客,但使用率较低。船主住在芝加哥,而迪维马斯特号此时急需维护。林德奎斯特打电话联系了迪维马斯特号的船主,双方达成了协议,由林德奎斯特负责船只的维护,作为回报,林德奎斯特可以使用船只,且每卖出一张 14 美元的船票,林德奎斯特需要支付给船主 2.5 美元的回扣。由此,林德奎斯特对可搭载 18 名游客的游览服务进行了大力宣传,并成立了沉船旅游公司(Shipwreck Tours, Inc.)。

1994 年 8 月,首次航行开始。公司制作了宣传册,并在当地以及密歇根州上半岛广泛宣传这次被称为"几乎能与玻璃底船相媲美的旅行"。和如今一样,当时的旅程时长为 2 个小时左右,游客不但可以游览穆尼辛湾的水上历史遗迹,而且还能参观 3 处沉船遗址(见图 9-3)。在早期的游览活动中,游客仅能从船舷

图 9-3　密歇根州穆尼辛市郊外的广告牌对一处令人心动的历史景点进行了宣传

一侧观看水下沉船,不过活动仍然大获成功。仅1994年半个季度,就有257名乘客报名参加了游览活动。由于游客的广泛好评,"彼得船长"决定买下迪维马斯特号。

第二年,林德奎斯特就买下了这艘船,并获得了美国海岸警卫队颁发的安装"船体玻璃观景区"的许可。由于整个五大湖区仅有一艘这样的船,因此林德奎斯特必须与海岸警卫队的工程人员密切合作,以便观景区的设计能够通过检查。1995年6月,迪维马斯特号成了美国五大湖区水域首个可搭载游客的玻璃底船。该船进行了升级改造,能够容纳36个座位,到了1995年的游览季,该项目共接待了1 067名游客。

1996年春,林德奎斯特对迪维马斯特号进行了更多方面的改进。在获得海岸警卫队的许可后,林德奎斯特将观景区从2英尺×6英尺扩展到4英尺×9英尺,将原有的观景面积提高了2倍。那一年的游客数量也增长了近3倍,达到3 900名之多,林德奎斯特认为这达到了迪维马斯特号的承载极限。

1996—1997年的冬季,林德奎斯特购买了穆尼辛小姐号(Miss Munising),船体长60英尺,原属于画岩邮轮公司(Pictured Rocks Cruises, Inc.),该公司从1950年起就开始在画岩国家湖岸区提供近距离观景服务。他又到海岸警卫队申请了新增两个船体玻璃观景区的许可,每个观景区面积为4英尺×10英尺。穆尼辛小姐号每次航行最多能搭载100名乘客,在首个游览季就搭载了7 900多名乘客,穆尼辛小姐号的巨大成功也让迪维马斯特号功成身退了。

1997—1998年冬季,林德奎斯特开始建造新的纪念品店和售票处,取代之前同时提供这两项服务的小潜水铺,工程于1998年6月完工并投入运营。得益于良好的口碑和天气状况,穆尼辛小姐号在那一年完成了13 000多人次的运送工作。一般来说,每次搭载穆尼辛小姐号旅行时,游客都能充分了解到每艘沉船的历史,游船在遗址上方停留,有时候游客离这些遗迹的距离仅有几英尺远。游船座位被预订一空时,导游就必须提供两次讲解服务,一次针对下层甲板上的游客,一次针对从上层甲板换到下层甲板上的游客。此外,林德奎斯特已经在计划购买更多的游船。

在这一时期,林德奎斯特继续对原有的潜水设备提供租赁服务,并与个别潜水员进行协作。游览沉船遗址时,百慕大号一直是第一站。离开码头前,潜水员会收到保安人员发来的无线电提醒,告知游船到达时间。另外,系泊浮标上也张贴有相关标识,提醒潜水员在潜水时要避开游船游览时间。如果潜水过程中有游船靠近,潜水员需要浮出水面,等待穆尼辛小姐号驶过沉船遗址。作为补偿,潜水员可以免费获得一次氧气瓶充气服务。这种配合俨然成了一种常态,游船上的人员会通过扬声器对潜水员表示感谢,游客也会集体挥手致谢。

由于公司正在开发各种"优势资源",因此,与规模更大且品牌声誉良好的画岩邮轮公司保持合作和交叉推广使得双方业务均有增长。在同一地点进行的春季舾装工作使双方的业务走到了一起,对一些共有问题进行了讨论,比如通过使用橡胶支架来降低发动机的噪声。

沉船旅行项目的推出也让当地社区开始关注沉船遗址。游览活动结束后,游客经常会在餐馆里兴奋地讨论他们的所见所闻,而服务员也经常被"逼着"回答画岩游览和沉船游览哪个才是最棒的旅行。当地的服务俱乐部也把沉船旅行作为其项目的一部分,并为旅游活动提供大力支持。目前,沉船旅行已经成为继画岩国家湖岸区游览之后的第二大私人旅游服务。

9.7 结论

阿尔杰县五大湖区州立水下保护区的开发提高了潜水爱好者对沉船遗址的了解、保护程度及合理利用率,不断朝着早期公园规划者的最初目标迈进。然而,这种模式并不能随意地"嫁接"到其他保护区内。玻璃底船游览服务的顺利开展得益于沉船位置浅、水质清澈、自然景观宜人、游客众多等优势,在这里获得了巨大成功,但在其他保护区可能无法实现。阿尔杰县保护区有幸能够在画岩国家湖岸区找到合适的合作者,从而终结了穆尼辛市缺少游客中心/博物馆等设施的历史。作者认为,该保护区的成功很明显得益于企业家、州政府官员、联邦官员等各方在长达 20 多年的合作中发展出来的一种相互尊重的关系,阿尔杰县保护区能够在相互合作的默契中实现商业上的腾飞,而这种默契的基础是只要沉船资源的可持续性能够得以保障,只要各方致力于促进相互之间的理解,那么通过开发沉船资源获取经济利益是无可厚非的。

第三部分

游览线路

第三部分介绍如何将航海考古遗址按照不同的主题游览线路进行分类,使游客可以沿着这些线路访问各个遗址。有些线路一天内就可以完成,还有一些需要多次造访才能游览遍所有遗址。该部分的四个章节介绍并讨论了如何建立和维护游览线路。前两章主要介绍澳大利亚的沉船游览线路,后两章介绍美国的游览线路。

蒂姆·J.史密斯(Tim J. Smith)回顾了澳大利亚沉船游览线路系统的特征,然后陈述了水下文化资源管理者忽视已有线路而专注于创造新线路这一现象。史密斯指出了这一现象背后的多种原因,包括监管方鼓励建立新的线路、旧有线路管理缺少资金和人员等。此外,政府和博物馆往往在没有广泛社区支持的情况下就建立了新线路,而社区支持对于游览线路的长期健康发展不可或缺。史密斯建议水下文化资源管理者向陆上游览线路管理者学习,借鉴陆上游览线路的成功经验,同时依靠社区支持来实现其教育和遗址保护的目的。

卡桑德拉·菲利普(Cassandra Philippou)和马克·斯塔尼福思(Mark Staniforth)评估了澳大利亚沉船游览线路的现状。作者考察了这些线路上的遗址是否为游览者提供了有启发性、教育性的游览体验,并对多个州级沉船游览线路项目及其导览材料分别进行了评论和分析。作者建议,澳大利亚沉船游览线路系统的未来发展方向应是以更生动、更具有整体性的方式增进公众对航海遗址的了解。

布鲁斯·G.特雷尔(Bruce G. Terrell)介绍了佛罗里达群岛国家海洋保护区沉船之路(Florida Keys National Marine Sanctuary Shipwreck Trail)项目,指出该项目起到了推动保护区内沉船遗址宣传、减轻人类活动对珊瑚礁产生影响(珊瑚礁是吸引潜水爱好者到访保护区的主要因素)的作用。作者建议联邦监管机构、州政府和地方政府建立合作机制来推进这一项目的实施,最后为该项目的发展方向提出了若干建议,并指出有必要对此类文化资源进行持续有效的管理。

詹姆斯·D.斯皮雷克和林恩·B.哈里斯(Lynn B. Harris)在最后一章介绍

了美国南卡罗来纳州查尔斯顿附近的两处游览线路的建立过程。这两处线路以潮汐河口中的水下文化遗产为核心，游览者可以通过休闲划船或运动潜水的方式来观赏沿途的遗址景观，与此同时也能欣赏当地的文化和自然景观。作者阐述了建立这两个项目的动机，并介绍了面向公众开放的遗址所必须具备的导览服务和基础设施。

第 10 章　沉船之路：特殊资源的公有制问题——以澳大利亚为例

蒂姆·J.史密斯①

10.1　引言

学者对澳大利亚联邦历史沉船项目最新一次的回顾是在 1985 年（Kenderdine，1985）。该项目的主要关注点是向公众进一步宣传、推广澳大利亚沉船遗产的方法。自那时起，这个项目在国家层面上几乎没有取得什么成果，而每个州立的海洋考古项目都在继续自己的遗址评估和保护计划，并在时间和金钱允许的情况下推广、宣传本地的古迹遗址。

20 世纪 90 年代中期，西澳大利亚海洋博物馆的迈克尔·麦卡锡（Michael McCarthy）博士曾在出版的作品和相关评论中感叹道，当时学界未能给予物质遗存研究相关人员足够的重视（McCarthy，1998）。这是对强调文物描述性研究（大型发掘项目尤其如此）的传统国家计划的批评。麦卡锡博士认为，关于沉船和相关遗址的专业研究具有极强的个例性，应主要关注遗迹本身。造成这一现象的部分原因在于，负责历史沉船管理的国家部门侧重对沉船资源的清点，以及对当下

---

① 蒂姆·J.史密斯任职于新南威尔士州遗产办公室水下遗产项目组，通信地址为澳大利亚新南威尔士州帕拉马塔温特沃斯路 2-10 号 11 楼，信箱 5020，2124。

管理措施的执行。麦卡锡指出,未来对沉船遗址的研究应该考虑采用人类学的方法,使人们的关注点回归到沉船本身。

在1995年的研究计划中提到了这一点,明确指出联邦历史沉船项目应该从更广阔的视角研究澳大利亚的沉船,从而达到普及公众教育、提高公众对历史沉船的鉴赏能力的双重目的(Kenderdine,1995)。

项目小组明确了澳大利亚海洋考古现场的制约因素。原因在于各个州立海洋考古项目是通过海洋博物馆或文化资源管理"规划"型机构运行的,这些项目之间存在显著差异。从历史研究的角度上看,海洋博物馆的职能是研究和展示,在历史阐释方面具有更好的基础;而文化资源管理部门主要是履行文化遗产立法规定的行政职责,同时出于管理目的他们会进行初步的遗址调查。

澳大利亚首次尝试开展的大型公共教育项目就证明了这一情况。最早的沉船之路自1881年由位于珀斯附近的罗特内斯特岛上的西澳大利亚海洋博物馆发起。这项重大的教育创新项目是在州保护立法生效8年后,也就是在该州开始进行海洋考古工作十多年后发展起来的。这是一个巨大的飞跃,在文化遗产旅游业还未发展起来的环境下,它引发了人们的无限遐想。从那时起,博物馆沉船访问与讲解项目就一直在朝着多元化的方向发展(McCarthy and Garratt,1998)。随着时间的推移,文化研究管理机构也在公共教育计划和州一级的公众信息传播方面发挥了重要的领导作用。

1995年的研究计划提出的建议之一是制订国家沉船解说计划(National Shipwrecks Interpretation Plan),用于指导未来的教育活动。有人建议联邦政府设立一个顾问小组,指导1995—1996财年年度计划的实施。六年多过去了,这项计划几乎没有动静,而在此期间联邦政府对州级文化研究管理机构的年度拨款也减少了。曾经有一份提案希望为国家沉船之路提供资金,使这条具有历史意义的沉船游览线路的设计更加一致,覆盖面更广,但没有获得批准(Jeffery,1990)。

另一个试图在2001年启动的补充说明性项目也没有成功,该项目希望通过联邦政府百年庆的特殊拨款计划,在全国范围内记录和宣传澳大利亚联邦时期(即 1900 年以后)的沉船遗址。以上这些是否预示着此类项目在全国范围内的中断?目前看来,文化遗产资助工作的推进似乎不容乐观,制订一项国家重点沉船解说计划可能会在未来 5 年内都无法完成,只能等待有利的经济形势到来再作打算。

但是,我们仍然需要对现有的文化遗产进行更全面的解读和宣传。这反映了目前随着互联网和大众媒体等的快速发展,人们渴望通过更便捷的方式获取更多的信息和创新的学习体验。这并不是要低估迄今为止澳大利亚地方和区域层面上取得的许多成功,而是要让人们更容易地获取知识、更好地了解澳大利亚重要的海洋遗产。

学习和理解是树立健全的遗产保护价值观的基础。这有利于实现联邦历史沉船项目的关键目标之一,即"让公众了解遗产保护"。

10.2　澳大利亚的大型沉船解说项目的回顾

斯特罗恩(Strachan)在 1995 年回顾了当时澳大利亚沉船游览线路的状况。她的报告为线路开发和实施提供了背景资料,并指出了潜在的缺陷。该报告的一个重要调查结果表明项目组缺乏对已经设立的线路开展持续推广的计划。这一点反映了他们将精力集中在项目初始阶段,在此期间政府与博物馆可能并未根据旅游业与市场营销环境做出调整,也缺少国家层面的规划与综合设计理念。

如上所述,第一次尝试规划沉船游览线路的是西澳大利亚州,他们将通过地面和水下潜水标牌展示罗特内斯特岛的沉船资源(McCarthy,1983)。大多数早期规划的线路都围绕着打造一条有限的地理意义上的陆上游步道和/或水下潜水线路,通过地图和说明手册将两者联系在一起,这种形式在随后澳大利亚所有的沉船游览线路设计中被保留了下来。尽管此类项目在向公众宣传水下遗产遗址的存在,促进针对脆弱遗址的精细科学研究、保存、保护和维护的必要性等方面取得了一些成果,但它们也受到其项目初衷的限制。在许多方面现有的澳大利亚沉船之路(2001 年约有 40 处,不包括孤立的说明牌或导览板)都没有改变,缺乏远见。几乎没有地方对已设立的线路拥有"所有权",许多线路因为与后来的优先项目和目标规划不一致而被荒废。从很多方面来说,作为教育资源它们都没有得到充分利用,需要在维护、广告宣传和产品提升等方面加大资金与精力的投入。麦卡锡根据西澳大利亚州的经验总结道,沉船游览线路的规划"已逐渐趋向一种特定的形式,需要考虑到机构或地区的利益,也需要得到该机构或地区在物资、运输和资金方面的支持"(McCarthy and Garratt,1998:128)。

回顾全国的情况,澳大利亚水域中约有 6500 起已知的历史性沉船事件,大约有 500 个遗址,即不到全国 8% 的历史沉船被公共线路连接了起来(Strachan,1995)。其中,有 5 个州(西澳大利亚州、南澳大利亚州、维多利亚州、塔斯马尼亚州和新南威尔士州)设立了某种形式的游览线路。只有新南威尔士州的线路建设完全由当地社区推动;其他州则由负责实施历史沉船项目的地方机构发起和执行(尽管有相关的地方政府、企业和社区协助)。这些机构往往承担着维护和开发的责任。斯特罗恩指出,这是线路开发后无法持续成功运营的可能因素。

10.3　线路建设的成功性评估

联邦历史沉船项目的基本原则之一是相信国家水下遗产是公共财富,只要它得到重视和保护就可以传世芳华、惠泽后人。因此,澳大利亚大部分沉船遗址都没有对游客设限(除了少数 1976 年《联邦历史沉船法》所规定的限制游客设入的保护区之外)。全国各地的潜水产业规模庞大,而且还在持续增长,比如已享誉国际的昆士兰州大堡礁等自然保护区。当地潜水员熟知大多数的历史沉船遗址(不到全国已知沉船的 10%),他们通常会从本地潜水游览项目运营商那里获得第一手的遗址信息和进出遗址的相关细节。所有法定机构都在积极鼓励潜水员们通过各种方式认识这些遗址，包括沉船位置海报、沉船调查报告、学术文章等出版物，以及讲座、陈列和展览等宣传方式。澳大利亚海洋考古研究所与联邦历史沉船项目组合作的一项主要举措是建立国家沉船数据库。最近，这个数据库通过研究所的网站向公众开放，并链接到了所有国家相关机构的网站。

新南威尔士州等个别州创造了其他的"第一"，例如制作 A3 版面的《新南威尔士州沉船地图集(第 3 版)》(*Shipwreck Atlas of NSW*，*Ed3*)，通过其独有的社区沉船调查计划(如下所述)，以地图的形式展示了沉船遗址的分布、相关技术应用以及沉船的历史信息。大多数州都支持出版一些大众性读物，包括涉及区域船舶失事的书籍和一些特别有针对性的手册，事实证明这些出版物非常受欢迎。

但是，联邦历史沉船项目目前仍陷于确认 6 500 起沉船事件和相关的水下沉船遗址，造成这一局面的问题之一是联邦历史沉船项目本身的结构。目前，在这片海岸线超过 37 000 千米的大陆上，只有不到 20 名海洋考古从业人员[①]。因此，缺少受过训练的专业人员限制了现有研究机构的规模(Kenderdine，1995)。联邦历史沉船项目组研究数据的数量和质量还受限于其承担的行政职责和用于整体公共教育活动的时间。即使考虑到目前海洋考古领域的高等教育招生人数和课程范围已经不断扩大，但这种情况也不会因为可能的就业途径数据增长而改变。

迄今为止，已设立的那些沉船之路确实引起了公众的兴趣，并尝试填补了资源可使用性方面的空白。有些项目已成功地获得了当地社区的初步支持，特别是来自潜水员和学校团体的支持(McCarthy and Garratt，1998)。但是正如斯特罗恩所指出的，由于资金和时间的限制，这些方案的实施是零散的。在全国范围内，即使在州一级层面，标准也是不统一的，而且也没有在各个州的框架外推进新线

---

① 这一数字参考了参与国家博物馆海洋考古项目或规划部门全职工作人员的人数。此外，还有少数独立的海洋考古顾问。

路开发的先例。各州都为沉船遗址设立了独立的导览板和标牌,但这些往往鲜为人知,它们的形式和内容差异很大,几乎无人知晓它们是一种教育或休闲娱乐资源(见图 10-1、图 10-2)。

图 10-1 标准的沉船之路标牌,其上的涂鸦表明对游览路线的维护存在待解决的问题

(资料来源:T.史密斯拍摄)

图 10-2 典型的独立导览板,游客们正站在特制的观景台上俯瞰新南威尔士州 P.S.曼宁号(P.S. Manning)的残骸

(资料来源:D.纳特利拍摄)

一些授权机构,例如新南威尔士州遗产办公室,有意识地将沉船之路的开发与维护排除在其核心业务之外(Nutley,1998)。这表明他们既缺乏可用人力和资金启动并完成项目,也没办法支持和推进必要的后续的专业宣传、维护和扩展服务。

在这方面,新南威尔士州遗产办公室正试图争取社区、私营企业和地方政府参与到新游览线路和标识项目的建设中来(见图 10-3)。为此,他们制作了许多手册,详细介绍了沉船之路建设的要求(Heritage Office,1995,1998)。本着同样的目的,数个具有里程碑意义的社区沉船登记项目也陆续启动,包括 1982—1985 年沉船调查项目(1982-1985 Wreck Survey Project),以及最近的"活着的沉船"项目(Wrecks Alive)(1999 年至今)。这些社区志愿者项目鼓励潜水商店、俱乐部和个人,进行研究、绘制沉船并出版独立的项目成果,从而激发社区对当地水下(和陆地)遗址的所有权和管理责任感。在这方面,他们取得了一些成绩,但是也受到同样的制约,即缺乏推动力,而这种推动力不足也制约了其他州级机构扩大沉船之路的社会与经济效益。仅仅靠分发培训材料和指导方针似乎不足以启动新项目,维持已成功项目的"辉煌"。

图 10-3　沉船之路引起了当地政界和公众的极大关注

(资料来源:T.史密斯拍摄)

10.4　一种全新模式

　　沉船之路只有成为州遗产机构的重点项目才能取得部分成功,而社区驱动型项目仍然处于难产状态。未来继续向公众开放这些引人入胜的遗址的前景将会如何呢? 游客,尤其是不潜水的游客,如果想要了解一个地区的海洋历史,其途径似乎是有限的。他们可以选择去体验为数不多的区域性沉船游览线路;参观单独的、分散的、基本上不为人所知的游览遗址;参观海事博物馆;或通过国家历史沉船数据库获得有关遗址历史的一些文本信息。最近开展的陆地标识项目可能会让这部分游客获得更全面的学习体验。

　　在新南威尔士州还是罪犯移民的时代,一条重要的主干道是由来自悉尼的罪犯劳工修建的。这条被称为"大北路"的公路自 1826 年至 1834 年修建以来,既没有得到养护,也没有获得历史分析和社区认可。然而,在短短几年内,这条长达240 千米的"大北路"公路文化遗产借助由社区、政府(国家、州和地方)和教育机构共同推动的一个动态项目的"东风"恢复了活力。

　　这个被称为囚犯小路(Convict Trail Project)的项目模式,对制订未来的地区或国家历史沉船之路项目具有借鉴作用。该项目的优势在于社区发起并拥有主要所有权。项目团队每年从主要利益相关方那里获得资金,并与负责管理相关遗产规划工作的主要政府机构(如新南威尔士州国家公园和野生动物管理局、澳大利亚国家信托基金会、道路交通管理局,以及一系列本地郡议会)合作开展工作。主要利益相关方致力于协助游览线路的开发与建设,更重要的是,在初期开发阶段过后双方仍保持长期协作。主要利益相关方包括对保护、合理推广和管理游览线路感兴趣的旅游企业与学术机构、本地企业和社区团体等。

　　该项目自 1994 年设立以来就一直在运行,并持续发展、扩张,源源不断地吸引着相关团体。目前有超过 25 个组织参与其中,包含几百名志愿者和专业人员。

项目目标和游览线路范围都有着明确的"自我生成"重点。"只有共同协作,不同的团体和组织才能够完成远远超出个人行动所能实现的目标"(Banks,1999b)。这有助于资源共享(尤其是工作人员的时间)、分担资金压力、满足即时和重点遗产保护以及讲解需求,带动游览线路沿线地区的社区合作,从而带动沉船遗址周边沿海、沿河区域(包括陆上和近岸水下)形成类似的线性团队结构(Banks,1999b)。负责国家沉船项目的国家部门在制订种子计划后,"国家沉船之路"地区主管委员会便会逐渐接管项目。

囚犯小路项目得益于各个机构、团体和个人的推动和参与。各类参与主体都具备主人翁意识。在"保护管理计划"的指导下,团队积极开展遗址维护、修复和参观通道建设工作,并制订了一体化旅游解说计划,从而为遗址宣传奠定了基础,便于游客在不同层面和位置参观遗址,了解此类项目的价值。

囚犯小路的教育方案包括:"社区工蜂"计划,现场说明标牌、手册、地图和线路指南、新闻报道、年度报告、巡回展览材料、光盘、网站、有关项目及计划的信息数据、导览,以及对于项目成果、会谈、研讨会和专题讨论会的广泛媒体报道等(见图 10-4、图 10-5)。项目可以取得成功的关键在于基层社区参与了该项目的方方面面,为学生和广大公众带来了绝佳学习体验,特别是在"历史重演日"期间。以社区为导向的历史研究项目,在专业机构的指导下已经取得了很大的成功,如"认领 11 名罪犯"项目,并衍生了更多的令人感兴趣的研究方向(可以考虑采用"认领一艘沉船"的概念)。虽然该项目的政府拨款(联邦、州和地方)非常有限,但项目组通过诸如设立地方遗产基金和"囚犯小路之友"之类的捐赠计划等措施成功获得了资金援助。

新南威尔士州遗产办公室目前正在评估这一模式的要素,以便制订能够在整个州推广的战略。囚犯小路的项目模式可以广泛地在澳大利亚独特的历史沉船资源中得到"复制",并通过分阶段实施的方法在所有沿海和沿河社区开发潜在的游览线路。

图 10-4 澳大利亚使用的标准金属附照片的说明标牌

（资料来源:J.史密斯拍摄）

图 10-5 澳大利亚维多利亚州标志性的"大洋路"沉船之路标牌

（资料来源:J.史密斯拍摄）

10.5 结论

除了尝试在全州范围内建立社区主导的标志性项目外，新南威尔士州遗产办公室正在建立一个"海洋遗产在线"的网站，用来展示其成果。该网站还将提供广受欢迎的《新南威尔士州沉船地图集》的电子版，也会提供沉船研究设施、相关海洋遗址的信息以及与遗址相关的交通路线。

海洋遗产在线项目有利于提升社区在保护当地遗产方面的领导力，促进各区域保护线路的一致性，推动社区专注游览线路的日常维护，鼓励社区关注当前正在宣传和募资的项目。为了让公众更加关注沉船管理，遗产办公室发起了社区沉船勘测计划，澳大利亚海洋考古研究所也开设了海洋考古培训课程等。另外，国家沉船之路网站的设立也进入了探讨和磋商阶段(Jeffery，1990)。

过去，随着最后一块说明标牌的落地和官方发布会的召开，沉船游览线路和标识项目的建设就告一段落了。之后的线路规划或机构工作重点，通常就不放在这些项目上了。在没有第三方参与的情况下，维护工作常常难以按期完成，游览线路的宣传和相关说明性材料的发放则更加不受重视。正如前文所指出的那样，由于项目协作机构自身性质的原因，当前文化资源的推广工作往往无法实现。

相比之下，囚犯小路项目并没有沿用以往利用静态化无声展示的方式来重现历史。它是一项有效、生动且持续发展的项目，是当地社区与文化遗址互动的典范，为当地社区"牵手"历史文化宣传搭建了一条全新的、特殊的纽带。目前，囚犯小路项目已经做好了进一步改进的准备。

第 11 章 澳大利亚的海洋遗产之路：讲解项目的总结与评论

卡桑德拉·菲利普,马克·斯塔尼福思[①]

11.1 引言

随着特色旅游,尤其是文化旅游变得愈加流行,面向公众宣传和展示的考古遗址也越来越普遍。过去几十年,游客可以参加中东和欧洲等地的考古遗址之旅和文物古迹之旅,这种现象在世界其他地区也越来越常见(Cleere,1984,1989;Binks et al.,1988;Hall and McArthur,1993;Potter,1994;McManamon and Hatton,2000)。最初,考古文物和考古遗址的展示以博物馆展览/遗址参观和遗址开放日等形式为主。然而,在过去的 20 年中,文化遗产之旅已成为展示各种文物古迹的重要方式,公众能够借此机会近距离欣赏这些遗址(Uzzell,1989;Hosty,1987;Tabata et al.,1993)。

在过去的 20 年中,澳大利亚部分州的海洋考古学家一直非常积极地参与建设海洋遗产之路,主要是沉船之路。澳大利亚的第一条海洋遗产之路是罗特内斯特岛水下沉船之路。它在 1981 年由西澳大利亚海洋博物馆的迈克尔·麦卡锡

[①] 马克·斯塔尼福思任职于弗林德斯大学考古系,通信地址为澳大利亚新南威尔士州阿德莱德市,邮政信箱 2100,5001。

(Michael McCarthy)与罗特内斯特岛委员会联合开发。这条游览线路包含水下标识牌、陆上导览牌和宣传册,供不同的人群使用(McCarthy and Garrett,1998;Strachan,1995)。

西澳大利亚州、南澳大利亚州和维多利亚州的州政府机构和博物馆在盘活海洋遗产,尤其是建设沉船之路方面最为活跃。西澳大利亚州有大约 20 条区域性、主题性和地方性的海洋遗产之路;南澳大利亚州有 8 条,包括区域线路和主题线路。维多利亚州至少有 8 条小型(或地方性)的线路,其中的一部分已被 2 条较大的区域线路连接。除了上述州的线路,其他州和地区几乎没有可供公众进入的海洋遗产之路。

新南威尔士州对海洋遗产之路的执行方式有些特别,地方议会、历史学会和博物馆是建立不同地区海洋遗产之路的主要参与者。迄今为止,新南威尔士州已经以此方式建设了 5 条沉船之路,并为每艘沉船制作了许多说明标牌。北部地区目前正在建设阿纳姆地区的第一条海洋遗产之路(Steinberg,2000)。昆士兰州和塔斯马尼亚州则几乎没有海洋遗产之路,但是詹姆斯库克大学和磁岛上的当地企业对开发这样的教育和旅游项目表现出了浓厚的兴趣。塔斯马尼亚州拥有绝佳的与本地沉船历史相关的出版物(Broxham and Nash,1998,2000),但是这些信息和研究并没有被用在建设或宣传海洋遗产之路上。迄今为止,塔斯马尼亚岛仅有的可以规划为海洋遗产之路的遗址是布鲁尼岛上冒险湾的岸上捕鲸站遗址和金岛上未完工的沉船之路(Nash,2001)。

特别要指出的是西澳大利亚州、维多利亚州和塔斯马尼亚州已经出版了各种与沉船和海洋遗产相关的出版物(Christopher,1990;Parsons,1981;Perkins,1988)。举例来说,南澳大利亚州有许多业余作家撰写的读物。尽管它们可以为公众提供有价值的信息,但书本发行的规模往往受到成本和获取难度的限制。

1983 年,迈克尔·麦卡锡写道:"考古学家必须找到合适的方法来保护遗址,并将其呈现给公众……此外,他们也必须确保将遗址完整地向社会各界展示。"

(McCarthy，1983：381)作者认为，澳大利亚海洋考古学家已经不再追求这一理念。海洋考古学家和水下文化遗产管理者已停止"探索"各种可用的选择，他们沾沾自喜于以海洋遗产之路的形式发展海洋考古学，同时在某种程度上充满占有欲。本章批判性地回顾了澳大利亚用于推广海洋遗产之路系统的出版物，并为未来海洋遗产之路的发展提出了一些建议。

11.2　海洋文化遗产之路的市场营销：作为管理机构公众形象的宣传材料

澳大利亚各地为海洋遗产之路和沉船之路制作的宣传材料形式极其多样，因此在许多方面无法统一。尽管海洋遗产之旅不一定需要完全相同的设计或构造元素，但在某些元素上呈现基本的连贯性可以使全国范围的项目管理更为有效和便捷。维多利亚州的项目就得益于其宣传材料的设计元素的连贯性，该州的宣传材料已经建立了特有的品牌并且将游览线路附加到了其他区域性旅游计划中(Strachan，1995)。

澳大利亚联邦政府于 1995 年开展了一项名为"国家历史沉船研究计划"(National Historic Shipwrecks Research Program)的重要调查，呼吁对海洋考古遗址进行研究，并号召更多人"致力于公共教育，增进人们对澳大利亚水域历史沉船的认识和了解"(Edmonds et al.，1995：Ⅺ)。随后，政府提出了一项要求重新制订各州教育方向的建议，目的是通过国家历史沉船研究计划使澳大利亚海洋遗产在全国发挥更重要的作用(Smith，2002)，建议最终未被采纳。针对澳大利亚这次对现存文化遗产之路系统的调查表明，各州现存的海洋遗产之路项目对海洋遗产的理解和推广方面存在很大差异。

自罗特内斯特岛的第一条海洋遗产之路面世以来，鲜有创新，难以为游览线路系统在全国范围内的推广找到明确方向。有的州在海洋遗产之路的呈现形式和宣传上进行了探索,但各州的做法不尽相同。例如,南澳大利亚州推出了防水宣传册,潜水员可以根据宣传册上的路线信息找到水下沉船的具体位置;再如,维多利亚州推出了"水下沉船发现之路套装"。斯特罗恩整理出截至 1995 年所有游览线路的发展历程,以及主要组成部分、有效性的详细信息(Strachan,1995)。创新层出不穷,不管一种方案是多么的成功,但在一个州可行并不代表在其他州同样可行。西澳大利亚海洋博物馆是一个例外。西澳大利亚海洋博物馆最先开发水下混凝土标识牌,之后很多其他州也效仿这种做法。拥有海洋遗产之路的 4 个州分别是维多利亚州、新南威尔士州、南澳大利亚州和西澳大利亚州,本章将逐一评价这 4 个州。由于目前塔斯马尼亚州、昆士兰州和北领地的海洋遗产之路极少甚至没有对外开放的项目,因此不在讨论范围之内。

11.2.1 西澳大利亚州

西澳大利亚州的海洋考古项目是由西澳大利亚州海洋博物馆来执行的。从南部的奥尔巴尼到北部的埃克斯茅斯,20 多条沉船之路覆盖了 1500 多千米长的海岸线,其间有一定的间隔。西澳大利亚州宣传册中涵盖了该州沿海地区大约 200 艘沉船和相关水下文化遗产的信息。大多数宣传册是 1991 年到 1996 年由当地在博物馆实习的高中生制作的,这样的宣传册在内容质量方面差别很大。

整个系列宣传册的平面设计都进行了合理地标准化,在各种颜色的哑光纸上用深蓝色或绿色油墨印刷。整个系列的设计都出自同一位平面设计师之手。除了一本宣传册上没有任何标志外,其余宣传册都印有博物馆和合作学校或委员会的标志。

作者在阅读这一系列的宣传册时发现了很明显的不一致之处。一些宣传册(如奥尔巴尼海洋遗产之路系列)内容全面且制作精良,提供了该地区沉船遗址的准确地图和整体历史记录,并将陆上海洋文化遗产与沉船信息相结合。另一些宣传册也提供了该地区沉船的准确历史记录,但每艘沉船的信息完整性各不相同。

全册文字从一千到两千多字不等，字体大小也不相同；此外，小册子的尺寸也不是统一的，最小的是三折 A4 版面，较大的有五折非标准的版面。一部分宣传册的地图缺少指北针和位置图，因此无法利用这些地图所绘的信息准确的在州级地图上定位遗址位置。

大约只有一半的宣传册提及海洋考古。此外，在宣传册中沉船对地区、州或民族的历史意义并没有交代得很清楚。潜水者和浮潜者可以进入的沉船在一些宣传册中有介绍，而另一些则没有。一些宣传册提供了准确的 GPS 定位信息（奇怪的是在一个例子中，GPS 定位标注为"不建议潜水！"），而另一些仅给出了模糊的位置。大约一半的宣传册有扩展内容，例如提到其他宣传册或博物馆展览。最后，这些宣传册的地图都没有标注陆地说明标牌的位置，只有一些地图提到了有无水下说明标牌。

然而，就宣传册的数量、海岸线总长度及其包含的沉船数量而言，西澳大利亚州沉船之路项目可以说是整个澳大利亚最全面的。但是，用于制作宣传材料的资金似乎很少，这些宣传册显然是用很少的预算印制的，既没有丰富的色彩，使用的也是较便宜的哑光纸，在制作方面则完全依靠志愿者。制作和分发沉船和海洋遗产之路的宣传材料是西澳大利亚州最普遍和广为人知的海洋文化遗产宣教形式，它们应该包含博物馆在公共教育方面的专业知识。尽管这些成品本身就是一项成果，但这种毫无统筹的制作方式和以最低限度的资金投入反映出了博物馆并没有在沉船之路项目中担任主要的公共教育角色。

相反，值得注意的是，西澳大利亚州有一些关于沿海沉船的优秀的大型出版物（Henderson，1980；Henderson and Henderson，1988；Cairns and Henderson，1995；Kenderdine，1995）。此外，到目前西澳大利亚州仍是唯一一个残障人士可以无障碍访问沉船遗址的州，在其系列宣传册中专门有一本重点介绍了残障人士可以游览的线路，包括沉船遗址和展览等。

11.2.2　南澳大利亚州

南澳大利亚州的海洋遗产项目由南澳大利亚州遗产委员会管理。南澳大利亚州遗产委员会是州政府下属的非土著文化遗产管理机构。该项目自20世纪80年代初启动以来,已经建立了7条海洋遗址之路(主要是沉船之路),覆盖了从维多利亚州附近的麦克唐奈港到约克半岛附近的沃丹岛(包括坎加鲁岛)大约900千米的海岸线。21世纪初,第8条线路的建设已经在阿德莱德港附近的加登岛上完成。这个项目涵盖了近200艘沉船,其中一些具体位置仍未知。

南澳大利亚州海洋遗产之路的宣传材料在风格和设计上差异很大。该州第一条游览线路是在20世纪80年代后期建立的,宣传材料采用了A3大小的可折叠小册子,材质为铜版纸,粉红色印刷。这种设计被弃用后,随后的宣传册变成了带有图片和地图的全彩三折A4版式。约克半岛的2条海洋遗产之路宣传册的设计可以说是最合理的。它采用了防水宣传册的形式,内容包含了地区与沉船历史信息以及允许潜水员进入的沉船遗址的比例图(见图11-1),还有标明陆地解说标牌位置的地图。尽管制作成本高昂,但这些宣传册在潜水时用处很大,潜水员很可能会将其留作纪念品。

图 11-1　南澳大利亚州海洋遗产之路宣传册精选
(资料来源:C.菲利普与M.施利茨拍摄)

2000 年,新设立的南洋沉船之路制作了一本宣传册(见图 11 - 1)。这本宣传册用 45 页全面介绍了该州东南部地区沉船等海洋文化遗产的历史,提供了沿海城镇的情况,并强调了许多沉船的历史意义。宣传册内容丰富,包括码头和灯塔,并详细介绍了这片海域发生的令人难忘的海难故事。它还重点介绍了有关该地区的一些有趣事例,并舍弃了一些单调的、不太重要的或历史有待考证的海上事件。这本宣传册被定义为旅行指南,游客在小镇旅游的空暇间可以阅读,从这方面看它是有用的,但也存在一些缺点,这种形式的宣传材料会自动将不愿进行大量阅读或无力购买这些宣传册的公众排除在外。尽管没有丰富的色彩和醒目的封面,但它确实是一个讨人喜欢的旅游纪念品。当然那些对历史不感兴趣的公众显然也不会成为它的潜在消费者。

南洋沉船之路项目比西澳大利亚州游览线路项目在某些方面做得更好。总体来说,这批宣传册的专业性是显而易见的。每本宣传册都涵盖了各种能获取信息的方式,例如陆地导览牌、水下标识牌和通过该项目建成的其他游览线路。所有册子均贴有南澳大利亚州遗产委员会的标志,并在可能的情况下提供扩展阅读的参考资料。

南澳大利亚州制作的宣传材料缺乏统一的设计,对于海洋遗产项目来说是不利的。看起来原因在于海洋遗产项目的运营方很难决定他们的宣讲对象是潜水员,还是非潜水员,是文化旅游观光者还是普通游客?但是,考虑到制作这些宣传册或旅行指南的时间跨度很长,存在这种差异是可以理解的。现在正好是为今后的游览线路制作一套更为一致的宣传册的好机会。

11.2.3 维多利亚州

维多利亚州的历史沉船项目由维多利亚州遗产委员会海洋遗产部运营。维多利亚州的 8 条海洋遗产之路覆盖了 300 多千米的海岸线,而连接一些较小线路的两条区域主线路的建设工作已在过去 10 年中完成。目前有两本宣传册出版了第二版的修订本。该州的文化遗产游览线路从东部的贝维尔礁延伸到西部的南澳大利亚州边界。

所有的宣传册都是在光面纸上彩色印刷的(有些是全彩的,有些是两色或三色的)。一些是三折 A4 版式,另一些则是三折或四折 A3 版式,打开后可以看到彩色海报。每本宣传册都包含各类信息,通常附有地图,以及水下彩色照片和文物图片。其中一本宣传册还印有沉船遗址的平面图和可供重新定位的叠标图。所有宣传册均印有维多利亚州遗产委员会的标志,每一本的内容都强调了法律对历史沉船的保护,并描述了维多利亚州遗产委员会的作用。

在过去的 5 年中,维多利亚州遗产委员会编写了几本关于沿海沉船的书籍,均用亮面纸印刷;一本是关于菲利普港海角的沉船(Anderson,1997),另一本讲述的是朗塞斯顿城的发掘历史(Strachan,2000)。他们还编写了《水下沉船探索之旅套装》(*Underwater Shipwreck Discovery Trail Kit*),于 1992 年出版。这是一套 42 本介绍沿海沉船的宣传册,每本都配有防水套。每艘沉船都配有两本宣传册:一本描述了船只的历史和构造细节,并在可能的情况下介绍与沉船相关的游览线路;另一本提供有关潜水条件、交通(如果有的话)、遗址描述和平面图的信息。宣传册均为 A4 尺寸,使用蓝色油墨在淡绿色的哑光纸上印刷。它们的封面设计与西澳大利亚州的系列宣传册相似,但风格上更统一,宣传册中的内容也写得更好。

维多利亚州的项目看上去比其他州的更成功。事实上,那些较大的区域游览线路是城镇的一张名片,应该鼓励当地社区和企业认同并支持他们所在地区的游览线路。沉船和海岸探索之路也别具一格,风景如画的大洋线路吸引了众多游客,为此他们放弃了更直接的墨尔本与阿德莱德之间的游览路线。

鉴于维多利亚州的游览线路止于南澳大利亚州的边界处,而南澳大利亚州的游览线路起始于边界处西面不到 30 千米处,因此将这些线路扩展到南澳大利亚州是很有可能的,当然也可以相互宣传对方编写的与文化遗产相关的图书。如果将这些线路以某种方式进行整合（例如标记或设计），那么最终将得到一条长达600千米的连绵不断的海洋遗产之路：从维多利亚州的月光岬开始，到南澳大利亚州的库荣结束。该路两边的延伸部分也可以开发，墨尔本和阿德莱德之间的游览线路可以被升级为澳大利亚最长的连续性的海洋遗产之路。

11.2.4　新南威尔士州

新南威尔士州沉船项目和对海洋遗产之路的管理方法与其他州截然不同。史密斯引用戴维·纳特利的话指出："新南威尔士州遗产办公室有意决定不将开发游览线路作为其核心业务活动。"(Smith，2002：4)取而代之的是，他们发布了指南协助社区团体和地方政府在本地区开发游览线路，并且他们还提供了全面介绍新南威尔士州沉船遗址的宣传册。他们有成套的沉船资料，供潜水员和其他有兴趣参与勘测沉船的社区成员使用。

纽卡斯尔有3条游览线路，由当地社区团体联合开发，并作为沉船之路的一部分来宣传该市的海洋文化遗产。这3条游览线路的信息都集中在一本宣传册上，册子虽然色彩丰富，但没有任何照片或比例图。在宣传册的折页中有一幅纽卡斯尔的卡通画，但是画中没有清晰地标明各游览线路之间相隔的距离。此外，宣传册也没有标注线路导览牌的位置。

此外，在新南威尔士州还有5条非连续的游览线路，总长有600多千米，由当地的博物馆、议会、历史学会和国家公园建立（见图11-2）。在其中一条游览线路上的海边购物中心陈列了一系列的青铜纪念牌，另外几条则拥有陆地说明牌、水下标识牌。遗憾的是，当地没有为这些游览线路专门编写宣传册。

新南威尔士州遗产办公室还发布了建设海洋遗产之路和纪念牌的指南。指南表明在规划和设计海洋遗产之路方面允许较高的自由度，这也许是为了鼓励社区团体参与到项目中来，并在一定程度上保留对游览线路的所有权。这可能会导致各种形式的游览线路和配套的出版物的出现，甚至是那些根本没有得到任何形

图 11-2 在新南威尔士州的马鲁布拉海滩,兰德威克市议会的海滨游步道标识牌中包含了当地沉船的信息
（资料来源:C.菲利普拍摄）

式宣传的游览线路。

新南威尔士州遗产办公室还出版了"新南威尔士州历史沉船系列图书",其中包括沉船项目勘测信息和 12 本 A4 大小的宣传册,介绍了新南威尔士州海岸的各种沉船。这些宣传册包含了应在这类宣传册上显示的所有相关信息:对沉船的描述和历史背景,船舶类型的草图、位置图以及沉船遗址的平面图。所有宣传册中都有一份声明,提醒潜水员在潜水过程中不要对沉船造成任何损害。这些宣传册对于那些试图策划文化遗产之旅的团体来说是一个很好的范本。他们还拥有可识别的标志,可以在新南威尔士州所有的沉船之旅的讲解中使用。

11.3　讨论:多种不同的宣讲方法

上文概述了澳大利亚现有的各种海洋遗产之路的宣传材料。当然,有许多方法可以获取各个海洋遗产管理机构提供的公共教育资源。这种多样性可以被视为博物馆、遗产管理机构和国家公园服务机构的不同主要职能的表达。他们是负责历史沉船项目的单位,而他们之间的不同可能是基于这样的实际情况:博物馆具有研究和展览的职能,遗产管理机构主要关注遗址管理和历史沉船项目的执行,而国家公园服务机构则侧重于对遗址的保护和维护。

在 4 个将创建海洋遗产之路作为其"公共教育"项目组成部分的州里,有 3 个州的项目是遗产管理机构主导的。公共部门通常认为,遗址宣传和公众教育对于遗址的保护和管理至关重要(Hall and McArthur,1993;Tabata et al.,1993;Pearson and Sullivan,1995)。向公众提供高质量的讲解服务对管理机构实现短期和长期的遗址保护目标都大有益处。

目前,没有任何一个管理机构制作文字印刷品以外的资料。对海洋遗产之路的宣讲都以发放宣传册、出版图书、设立说明牌等形式展开。尽管这种宣讲形式的成本稍高一些,但至少效果还是有的。因为当时这些管理机构除了可以通过网络向公众发布一定数量的宣传资料外,他们似乎没有更多的途径。这些管理机构既没有机会利用短波无线电或磁带讲解本地沉船,也没法通过影像资料开展虚拟沉船游览活动。其中一些创意在其他地区已经使用了近十年(De Young,1992),在这方面的创新澳大利亚海洋考古学家可以大有作为。

纳特利于 1987 年表达了他对海洋遗产服务的要求。他说,宣讲应该是具有"挑战性的",应该试图"打破公众对水下文化遗产的消极态度和冷漠态度",并"培养民族自豪感和认同感"(Nutley,1987:30)。他还表示,宣讲应该通过沉船和其他海洋遗产的"美感,以及(同时)作为理解人类行为和我们自己社会的一种手段"来说明沉船和其他海洋遗产对现代社会的重要性(Nutley,1987:30)。

尽管有多种宣讲形式,但制作免费或廉价的传单、小册子和宣传册仍是最可行的。当然,宣讲也拥有其他形式,例如设立水下标识牌、遗址标牌以及出版大型图书。不过宣传册和类似的出版物应该是达到了纳特利提到的所有目标。专业讲解员,例如柯里(Currie)和瓦尔(Var)(Currie and Var,1992:70)持有类似的观点:

> 宣讲不仅仅意味着对历史遗址的一次细读,还应包括阐述保护该遗址的重要性,以及它的历史和对本地区过去与未来的重要性。

同样在 1996 年,纳特利再次强调了这一点,他说:"开发现场讲解设备……不仅是为了支持潜水者参观遗址,也是为了让他们能更充分地欣赏并积极保护文化遗产的价值。"(Nutley，1996：102－103)他们当然应该尽可能做到这点,鼓励潜水员参观并珍惜这些遗址,但是遗址宣讲是否能鼓励潜水员保护文化遗产价值还有待研究。上文所述的海洋遗产之路的宣传册很少提到遗址或遗址群的"真正"遗产价值。

尽管这些观点在过去已经提出过(Nutley，1987，1996；Strachan，1995；Smith，2002),但对澳大利亚游览线路系统的批评已经表明在宣讲方面有许多问题尚待解决。海洋文化遗产的宣讲很少是"具有挑战性的",通常只是简单的阐述历史,这些遗址的深层意义很少能通过一种让大多数公众一目了然的方式进行诠释。

从完全没有游览线路或出版物到拥有大型、高价配套宣传的出版物的游览线路,要求上的不一致也带来了问题。这说明了游览线路系统的主要缺陷之一:无法识别目标受众。这表明管理机构没有彻底开展针对海洋遗产之路项目实施的基础研究。这些宣传册是否针对儿童、成人、普通民众或特殊群体(例如潜水员)设计的? 这可能是对那些尝试了许多不同风格的宣传册的解释,但是主管机构需要努力让一本宣传册涵盖所有或尽可能多的目标群体。许多出版物由于缺乏色彩、文字过多以及内容单调乏味而没有起到应有的作用。通常儿童,还有对历史没有特别感兴趣的民众就不会被这样的宣传册吸引。另外,这些宣传册还经常因为信息缺漏而限制了参观群体:例如如何到达该遗址? 步行或开车需要多长时间? 在某些情况下,他们甚至不提供遗址说明和是否能进入的信息。由此看来,潜水员似乎也被排除在外了。①

---

① 在此必须指出,许多游览线路的相关出版物也包含了独立遗址,学者对这些遗址的历史和文化遗产都进行过更广泛的研究和解释。诸如南澳大利亚州的兰纳德家族遗址、维多利亚州的威廉盐场等等,都是现有游览线路的一部分;关于这些遗址更多的信息,通常包含在另外编写的较小的 A4 手册里。

史密斯强调的第二个问题,即游览线路很少在本地或地区外进行推广(Smith,2002:4)。斯特罗恩认为这是"旅游业可用的推广渠道和对网络的利用不足"造成的,同时还受到遗产管理者"缺乏营销和推广专业知识"的限制(Strachan,1995:29)。为了尽可能向更多和不同的目标群体普及海洋遗产景区的保存和保护状况,管理人员必须充分利用通过各种渠道宣传的机会。宣传材料的分发不应仅限于有着直接关系的遗址,也应该在城市的其他旅游景点和信息中心以及正在做推广的各个区域发放。

斯特罗恩在 1995 年对澳大利亚海洋遗产之路的发展情况的回顾中指出,另一个主要问题是后期的制作支持有限。她说:"参与者投入到创造(游览)线路中的大多数精力都是为了创造产品,而不是销售产品……(这些精力)在产品完成后就消散了。"(Strachan,1995:29)这点不仅适用于线路的维护,还适用于出版物的再版,以及在特定区域之外扩大线路宣传的支持度(Strachan,1995:29)。

在思考与撰写本章时,这两个问题都很明显:许多宣传册已经绝版,并且尚未制订重印计划。另外,在寻找南澳大利亚州最新的游览线路之一(艾略特港游览线路)的宣传册时,作者无法在任何较显眼的地点找到它们,比如当地的博物馆和服务中心,中心的管理人员和志愿者根本不了解这一游览线路。

为了让任何形式的海洋遗产之旅都能取得成功,社区的参与至关重要。南澳大利亚州周围的一些游览线路是社区团体和管理机构之间的合作项目。沿途社区对项目的所有权归属问题与遗址本身的社区管理问题同等重要。上述两个目标的完成可以说是相辅相成的。关于游览线路的位置以及所需的必要说明,应当咨询地方管理机构或当地社区;这些说明不仅针对遗址标识牌,还包括宣传和补充材料。社区还能将本地博物馆的陈列文物或相关展览与游览线路相结合,为游客提供更好的游览体验。

在维多利亚州,这种社区参与沿海沉船之路的项目运作模式相当成功(Strachan,1995),南澳大利亚州的海洋遗产相关管理机构目前正在与约克半岛的伊迪斯堡社区进行商谈,希望他们能进一步参与兰纳德家族遗址的讲解工作(Arnott,2001)。

11.4 结论

澳大利亚的许多海洋考古学家对沉船资源进行公开讲解的必要性展开了评论。多数人还指出(McCarthy,1983;Nutley,1987;Jeffery,1990a;Strachan,1995;McCarthy and Garrett,1998;Smith,2002),文化旅游的形式是多样化的而为海洋遗产提供专业讲解是必要的,讲解应迎合对文化遗址感兴趣的不同游客群体的"口味"。

为了确保对海洋遗产之路的宣传是有效的,管理机构必须投入大量的时间和资源。如果公众不了解沉船和其他海洋遗产对他们所在地区、州或国家的历史及未来有多么的重要,那么这些"文化资源"将难以"生存"。澳大利亚的海洋考古学家是时候为公众提供相关讲解以增加凝聚力,并且要采用一定技巧来确保人人都能从与其国内海洋遗产的互动中得到收获。

第 12 章　佛罗里达群岛国家海洋保护区沉船之路：多用途的资源管理模式

布鲁斯·G.特雷尔[①]

12.1　引言

佛罗里达群岛拥有美国大陆上唯一的热带珊瑚礁丛，它对休闲和科研潜水员有着很大的吸引力。除了独特的生物资源外，这里还有数百艘古代沉船，其历史可追溯至 17 世纪。

佛罗里达群岛于 1998 年正式加入美国国家海洋与大气管理局的国家海洋保护区计划。美国国家海洋与大气管理局除了管理多样化的自然资源外，它还与佛罗里达州合作管理水下历史和考古资源。

国家海洋保护区计划以 1972 年的《国家海洋保护区法》为指导。该保护区计划推进了国家层面对特殊生态、历史和海洋资源等的综合管理。美国国家海洋与大气管理局可能在沿海与海洋水域以及美国五大湖地区选择列入沉船之路的遗址。到本书出版为止，美国共有 13 个国家级海洋保护区。

由于有各种各样的海洋环境使用者和需要保护的资源，因此保护法制定时力

---

① 布鲁斯·G.特雷尔任职于美国国家海洋与大气管理局，通信地址为马里兰州银泉市东西大道 1305 号 12 楼海洋保护区司，20910。

求在多重用途与资源保护的主要目标之间取得平衡。设立沉船之路的目的是通过管理、教育和研究计划来管理对国家具有特殊意义的领域,促使公众理解、支持并参与其中,同时促进本国自然和文化海洋资源的可持续利用。

为了明确界定佛罗里达群岛国家海洋保护区在管理考古资源方面的职能,美国国家海洋与大气管理局与佛罗里达州州务院签订了一项计划性协议。在列举的许多问题中,各方同意"建立一个水下公园和水下沉船之路系统,并鼓励公众参观、游览"(Programmatic Agreement,1998:8-9)(见图 12-1)。

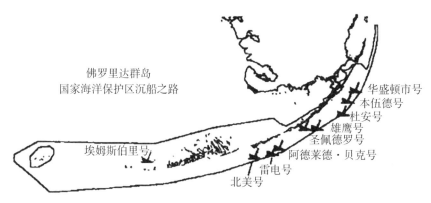

图 12-1 佛罗里达群岛国家海洋保护区沉船之路地图

为了满足这一要求,美国国家海洋与大气管理局于 1995 年开始开发佛罗里达群岛的国家海洋保护区沉船之路,并希望达成数个目标。起先,该项目的目标是将其作为一个教育项目,向游客和当地民众宣传与佛罗里达群岛有关的海洋历史和物质文化。

建设游览线路的另一个目标是减轻因潜水员的频繁造访而给自然环境带来的压力。佛罗里达群岛是美国最大的运动潜水胜地之一。除了许多自然和人为威胁外,佛罗里达群岛附近海域中的珊瑚礁还面临着"因爱而死"的危险。设立沉船之路被设想为一种引导一定数量的潜水员离开珊瑚礁的可行手段。

第三个目标是研究如何将沉船变成人工鱼礁。人工鱼礁创造的平衡、自然、稳定的微环境,有利于保护受损的天然珊瑚礁。

几个世纪以来,佛罗里达群岛一直毗邻主要的历史航运路线。在16至18世纪,西班牙的珍宝船队为了寻求有利航行的洋流而绕过了岛群向北航行,期望可以更早回到西班牙。1733年7月,一场飓风让一支由5艘西班牙大帆船和18艘其他商船组成的船队在群岛海域失事,除1艘船外的所有船只都沉没了。从1937年阿尔特·麦基(Art McKee)开始,有好几名寻宝者因为参与这支船队的打捞活动而声名显赫,当然也有人因此获得了恶名。此外,群岛财宝之争(Keys' treasure controversy)的另一个著名当事者是已故的梅尔·费希尔(Mel Fisher)。

19世纪,从事海上贸易的船只往来于墨西哥湾的各个港口,包括路易斯安那州的新奥尔良和得克萨斯州的加尔维斯敦。许多来自欧洲和美国的船只在往返这些港口时消失于群岛之中。巴哈马和美国的沉船营地建立在这片基本上无人居住的群岛上,用来打捞失事船只。美国海关最终在新兴城镇基韦斯特建造了一座海关大楼,用来监控打捞产业。海上事故高发促使美国建立了许多导航设备来避免事故的发生。现在,在海床上仍可以看到一些19世纪灯塔和航道标志的遗迹。

参与美国沿海和加勒比海海上贸易的船只也经过佛罗里达群岛。来自巴哈马、古巴等国和基韦斯特地区的小型单桅帆船和纵帆船均从事区域沿海贸易、捕鱼和其他当地的渔业生产活动。基韦斯特船是19世纪由当地渔业发展起来的独特小船。所有的水手在航行到群岛"致命地带"时都非常的小心谨慎,但还是有许多人在这里失踪。当飓风突然侵袭时,这个现在看似平静的地区会变得十分危险。

佛罗里达群岛附近发生过许多欧洲和美国的海战,军事活动中也损失了一些舰船。在18世纪末和19世纪初,海盗和私掠船在红树林环绕的岛屿中与美国海军玩"捉迷藏"。当地已知的一个沉船遗址是1822年沉没的美国巡逻纵帆船短吻鳄号(USS Alligator)的残骸。几艘内战时期的船只也沉没在该地区,其中包括在拉戈岛灯塔附近沉没的运兵船梅内蒙·桑福德号（Menemon Sanford）。第二次世界大战德国 U 型潜艇掠夺行为的受害者也在群岛的深水区中被发现。

12.2　沉船保护的概念

Shipwreck Trail

Florida Keys National Marine Sanctuary

NN. ADNF NH RI
　　TO DINF FOR...

图 12-2　沉船之路宣传册封面

一段时间以来，水下文化资源管理机构在适当海域划定了沉船保护区，试图使这些历史资源可被公众有效利用。事实证明，设立保护区是向社会提供普及教育的极佳方法，教育涉及的主题从区域历史到历史保护，还有低影响性潜水在保护水下资源方面的重要性（见图 12-2）。

1987 年的《被弃沉船法》建议开设这种保护区。《被弃沉船法》中的指导方针包含若干协助沉船保护区的创建的建议。指导方针包括：

（1）在发展的初期与各个利益相关者进行磋商。

（2）对拟建地点进行环境和经济影响评估。

（3）定义保护区的目的、意义、界限以及特殊条件和约束。

（4）制订管理计划。

（5）为公众进入沉船遗址提供说明和引导。

（6）保护沉船遗址。

从一开始到整个佛罗里达群岛的沉船之路项目建设过程中,美国国家海洋与大气管理局都将其他沉船保护项目作为参考借鉴的对象。早期,美国国家海洋与大气管理局还向查尔斯·贝克(Charles Beeker)和印第安纳大学水下科学教育和研究项目教研基地的工作成果"取经",两者为佛罗里达州考古研究局勘探了佛罗里达群岛中的其他相关遗址。其中一些遗址被划入沉船之路中。他们还咨询了数个已有的州保护区系统,包括佛罗里达州考古研究局开发的、位于佛蒙特州尚普兰湖和纽约州乔治湖的保护区以及密歇根州水下保护项目组开发的保护区。

在确认潜在可能被划入沉船之路的遗址前,美国国家海洋与大气管理局列出了符合《被弃沉船法》指导方针的清单,包括潜在合作伙伴和关键问题。简而言之,以下是一些需要考虑到的问题。

12.2.1　合作伙伴

保护区选址程序已经清楚地表明,一些社区反对将佛罗里达群岛国家海洋保护区中的遗址划入具有商业性质的沉船之路。美国国家海洋与大气管理局的官员们知道,如果没有当地潜水员和商人的支持,项目注定要失败。他们征询了潜水商店、船舶租赁商,甚至是老一辈救助人员的建议。群岛潜水经营者协会成为美国国家海洋与大气管理局在遗址选择和协助接触潜水团体方面的主要合作伙伴之一。

美国国家海洋与大气管理局的另一个主要合作伙伴是佛罗里达州历史资源部,该部门协助设计了该项目,并获得了包括国家历史保护补助金和州教育补助金在内的资金和拨款。其他协助美国国家海洋与大气管理局实现该项目的合作伙伴还有自然保护协会、鸽子岛基金会和佛罗里达州环境保护局。

12.2.2　成果

项目需要达到的成果包括:

（1）每个沉船遗址的防水版潜水员指南。

（2）整体的说明手册。

（3）锚泊和遗址识别浮标(见图12-3)。

（4）计划以后为潜水员和非潜水游客提供的陆上说明和科普展板。

（5）社会推广计划。

图 12-3　沉船之路遗址识别浮标

12.2.3　主题

沉船之路团队确定了几个整体主题,这是向游客传递信息的重要途径。主题包括如下几个方面:

（1）历史悠久的船舶结构——遗址指南将有助于识别沉船残骸内部的结构特征。

（2）历史事件——与群岛海洋历史有关的事件。

（3）遗址的艺术价值——为摄影师提供体验文化魅力和美的机会，以及提供优质的摄影背景。

（4）历史保护信息——向潜水员宣传历史保护对于公众的意义。

（5）自我监督的社会保护——由于保护区执法能力有限，因此鼓励潜水员通过举报破坏性事件来帮助保护区达到遗址保护的目的。

（6）向潜水员传递的保护遗址的信息——教育潜水员让他们了解控制浮力、脚蹼活动等的重要性。

（7）讲解——让潜水员了解覆盖沉船遗骸的自然资源。

12.2.4 选址

为游览线路选择合适的沉船的过程至关重要。美国国家海洋与大气管理局希望选择具有教育价值和艺术价值的遗址。但是，这些遗址必须相对不那么脆弱，并且有能力处理不断增长的游客流量所带来的压力。

12.2.5 遗址保护

海洋保护区中的一个关键要素是提供用于遗址识别的柱形浮标和用于停泊潜水船的系泊浮标。锚泊始终对水下资源的完整性和安全构成威胁。美国国家海洋与大气管理局还决定通过不在沉船点放置标识牌或标记物来不破坏遗址的艺术感。

12.3 遗址选定

12个备选遗址可能被列入该游览线路。三家公司签订了合同，探究保护区的3个区域——基拉戈地区、马拉松周围的中群岛和基韦斯特附近的下群岛的遗址。所得数据用于辅助选址以及准备说明材料。在最初的 12 个备选遗址中，有 9 个最终入选；以下是对其历史的简要论述。

华盛顿市号（City of Washington）是约翰·罗奇父子于 1877 年在宾夕法尼亚州切斯特建造的一艘钢壳船。该船在加勒比海和墨西哥湾作为客货船运营。1898 年 2 月，缅因号（USS Maine）爆炸时，华盛顿市号在古巴哈瓦那停泊，是第一艘到达现场营救生还者的船只。在随后的美西战争期间，华盛顿市号曾被用作佛罗里达州和古巴之间的军事运输工具。1917 年，它在纽约州与古巴之间的贸易运输中遭遇暗流，最终在佛罗里达群岛的肘部礁搁浅。如今，大约 325 英尺长的船体下部坐落在适当的位置。在沉船位置及其附近可以发现发动机支架、各种配件以及船只铁制肘板。除了其历史意义外，该遗址还很好地反映了当时的钢壳船的建造技术。这艘沉船也是一处观赏各类珊瑚和鱼类的好地方。

1910 年出厂的钢铁货轮本伍德号（Benwood）的残骸位于群岛上礁的法国礁的东北方 1 英里处。本伍德号于 1942 年，在战时灯火管制期间的夜间碰撞中沉没。该遗址曾经历了多次打捞，并且在 20 世纪 50 年代成为军事轰炸目标，因此在该遗址的周围到处散落着残骸碎片。本伍德号沉没处水深 25 英尺，交通便利，使其成为佛罗里达群岛最受欢迎的潜水遗址之一。

杜安号（Duane）是一艘建造于 1937 年的退役海岸警卫队武装快艇，1987 年在群岛潜水经营者协会的授意下作为人工鱼礁沉没。长 327 英尺的杜安号是美国"财政部长"级武装快艇，曾在第二次世界大战期间作为反潜舰服役。1944 年 8 月，盟军在法国南部登陆期间，这艘战舰在代号为"龙骑兵"的军事行动中被编入两栖特混编队，是唯一一艘在战争期间作为旗舰使用的海岸警卫队武装快艇。随后，杜安号继续在美国海岸警卫队服役，直到 1958 年退役时，它是当时美国最老的现役美军船艇。现在，她正平躺在 125 英尺深的海床上（见图 12 - 4）。

雄鹰轮胎公司号［Eagle Tire Company，现称为雄鹰号（Eagle）］于 1962 年在荷兰建造，虽然没有资格成为一艘颇具历史意义的沉船，但它因为出色的外观和

杜安号

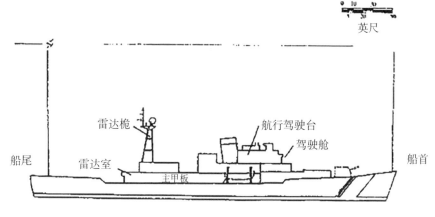

图 12-4　杜安号实测图

娱乐价值而被列入此项目。1985 年,当雄鹰轮胎公司号准备凿沉作为人工鱼礁时,意外沉没在当前位置。

　　并不是所有列入沉船之路的沉船均为 20 世纪的钢壳船。18 世纪西班牙圣佩德罗号沉船残骸的所在地于 1989 年被定为佛罗里达州水下考古保护区。该遗址的组成部分包括压载管、加农炮复制品,从另一艘当代沉船上搬下的锚以及青铜说明牌。1733 年珍宝船队遭到飓风摧毁时,圣佩德罗号就在其中。圣佩德罗号的历史价值在于再现了群岛下木质沉船上无数压载管的外观。压载管中常常保留有少数避开了打捞者劫掠的木制船体残件。

　　木制三桅船阿德莱德·贝克号(Adelaide Baker)的铁质碎片残骸发现于中群礁马拉松岛附近的科芬点礁上。1863 年该船在缅因州班戈建造时以 F.卡弗(F. Carver)为名,卖给英国后改名为阿德莱德·贝克,并于 1889 年沉没。贝克号是 19 世纪末的过渡型木船,这一批木船融合了铁制肋骨、桅杆和索具。遗址上散落了几根铁桅杆、2 个储水箱、三孔滑轮、大量悬挂肘材、肘板和许多其他配件。根据文物集中的 2 个区域判断,当代和现代打捞者可能在此处开展了某些寻宝活动(见图 12 - 5)。

潜水证等级：开放水域潜水员
最大深度：23英尺
坐标：24°~42.175°N，80°~53.670°W

阿德莱德·贝克号

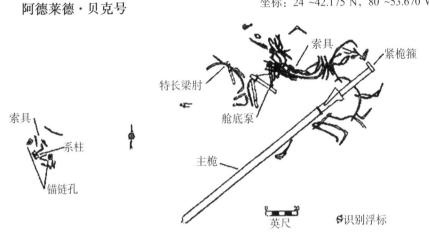

图 12- 5　阿德莱德·贝克号遗址平面图

这个遗址虽然美观性不足,但有助于了解这一时期的船舶结构(见图 12 - 6)。特别是这艘船的肋骨支架对于描绘船体横截面轮廓很有帮助。该遗址的现状还说明了过去不受监管的寻宝活动会对环境造成极大的破坏。

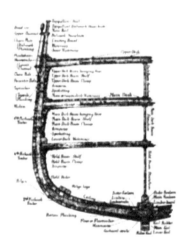

图 12- 6　复合船体结构

(资料来源:帕什,1997 年)

雷电号(Thunderbolt)前身是 1942 年在西弗吉尼亚州波因特普兰森为美国陆军海岸炮兵部队建造的 189 英尺长的布雷艇伦道夫号(Randolph)。该船由佛罗里达电力照明公司购买,并用作研究船在雷击中测试电能,因此得名"雷电"。雷电号最后作为人工鱼礁沉没,就像沉船之路北边的几艘船只一样,雷电号展示了 20 世纪钢制轮船的结构。该遗址还包含许多有趣的生物群落,吸引了许多鱼类。

马拉松三角洲的浅滩下散落着被认为是 19 世纪中叶美国东部沿海地区建造的北美号(North America)的下层肋板和压舱物残骸。从斜横梁到船尾之间的大部分船体都在,不过斜横梁和船尾本身却已经消失了。这个遗址有助于说明 19 世纪初期木制船的构造特征。

沉船之路项目组认为一艘在当地被称为亚历山大沉船(Alexander's Wreck)的船只是美国海军护航驱逐舰埃姆斯伯里号(Amesbury)的残骸。埃姆斯伯里号建于 1943 年,护卫着北大西洋护航运输队,并因参加诺曼底登陆而赢得了一颗星章。后来它被改装成高速运输舰,并在太平洋战场和后来的朝鲜战争中服役。退役并成为报废目标后,埃姆斯伯里号被出售给基维斯特打捞公司进行切割。现在它被分为两部分,前半部分是这艘船最容易辨认的部分。该遗址包含许多有趣文物,包括一个 171 毫米口径炮的炮架和几个博福斯 40 毫米口径双联装防空炮。

12.4 沉船之路的未来

佛罗里达群岛国家海洋保护区因缺乏专业的海洋考古学家而发展受阻。迄今为止,保护区的日常管理工作一直依靠几位表现出色的志愿者,但保护区仍需要专业人员来设计监测程序,该程序可以计算潜水员对遗址的访问情况并评估潜水员对遗址造成的影响和因频繁访问而造成的压力。规划沉船之路时最初选择这些遗址主要是因为它们足够"坚固",有足够的条件允许潜水员的进出。但是,在选择可能更具说明性但也更脆弱的新遗址之前,沉船之路项目需要建立和执行一个健全的监测和管理计划。

该项目还需按照佛罗里达群岛国家海洋保护区的标准执行社区教育计划。暂时的计划是在陆上举办一场展览,佛罗里达群岛国家海洋保护区需要有经验的演讲者与社区接触,让公众了解沉船之路的相关知识并鼓励他们积极参与进来。其他类型的宣传可以借助大众出版物、网站和可靠的管理报告。

佛罗里达群岛沉船之路项目的良好开端从沉船遗址的选定开始。现在,它需要继续跟进一个可以同时满足游客和当地社区需求的长期计划。

第 13 章　海洋遗产的展示: 南卡罗来纳州的水下案例

詹姆斯・D.斯皮雷克,林恩・B.哈里斯[①]

13.1　引言

　　21 世纪初,南卡罗来纳州在查尔斯顿附近的阿什利河和库珀河上建立了两条带有解说性质的游船和潜水线路,使潜水员和非潜水员都能接触到该州河流和(沿海)海洋文化遗迹。两条线路位于南卡罗来纳州的低地,蜿蜒穿过湿地沼泽,各种野生动物,包括鱼鹰、秃鹰、鸭子、鳄鱼和鱼类,尤其是大型鲶鱼栖息在此处。线路上的考古遗址包括帆船、汽船、渡轮和种植园遗存。这些遗址位于经过文化改造的景观中,从史前的阔叶乔木木本植物沼泽环境,到有利于殖民的稻作农业环境,再到包含水坝在内的现代水利设施,这些遗址的年代从早期的英国殖民时期延续到 20 世纪初不等。每条线路旨在向游客传达这些州立海洋遗产和遗迹及周围海洋文化景观的历史和考古意义。从更实用的角度来看,这些线路也是为了推动该地区的历史旅游业的发展。

　　每条线路的建设由南卡罗来纳州立大学的南卡罗来纳州考古学与人类学研

---

① 林恩・B.哈里斯任职于南卡罗来纳州考古学与人类学研究所,通信地址为南卡罗来纳州哥伦比亚市彭德尔顿街 1321 号南卡罗来纳州立大学,29208。

究所水下考古部发起并指导,在很大程度上依赖于志愿者、当地企业和其他政府机构的参与。受到佛罗里达州、纽约州等州项目和以色列、澳大利亚等国际项目改善公众使用水下文化资源的成功做法的启发,南卡罗来纳州考古学与人类学研究所从该州众多的潮间带和水下考古资源中挑选了几处,希望发挥类似的娱乐和教育作用。在南卡罗来纳州,没有具体的立法授权研究所增加公众对该州水下文化资源的接触机会。但是他们将1991年南卡罗来纳州水下文物法中关于教育的章节解释为将普及教育作为一项任务并通过增加公众接触这些水下博物馆的机会,从而达到教育的目的(S.C.C.L. 54 - 7 - 840)。这一方法的附带效益也使南卡罗来纳州考古学与人类学研究所能够以选定和监测的文化资源为中心,促进其管理工作、娱乐活动和旅游项目的发展。

这两条线路是南卡罗来纳州考古学与人类学研究所增加公众接触该州潮间带和水下考古资源机会的首次尝试。20世纪80年代末,研究所提出了一项在劳伦斯号(Lawrence)残骸上建立水下保护区的提议。这艘铁壳轮船于1899年在波多罗亚尔海湾附近失事,但这项提议仍停留在早期的计划阶段。当地的潜水员和潜水商店老板对此项目毫无热情。他们的主要反对点是因风向和洋流的作用,该地会成为一个条件多变的潜水点(Beard,1990)。随后,研究所放弃了创建这个保护区还有其他保护区的想法。几年后,在南卡罗来纳州考古学与人类学研究所运动潜水考古管理项目经理林恩·B.哈里斯的指导下,州海洋资源的公众使用概念被重新提出。哈里斯结合了她对沉船事故的职业兴趣和她对独木舟和皮划艇的娱乐追求,创建了阿什利河游览线路。

13.2　阿什利河游览线路

1995年,南卡罗来纳州考古学与人类学研究所的助理研究员比利·贾德(Billy Judd)在阿什利河的一段4英里长的河段上发现了13个潮间带沉船遗址

（见图 13-1）。这些沉船遗址展示了各时期各式的木制帆船和机动船,包括一艘驳船、一艘由复合木材和混凝土结构制成的拖船。这些船均建造于 18 世纪至 20 世纪之间,大多数可以追溯到 19 世纪。这些遗址后来由研究所的工作人员和志愿者进行勘探。作为研究所的内部拨款项目,所用资金来自罗伯特·L.斯蒂芬森考古研究基金。遗址中的两艘机动船的船体内含有大量的磷酸盐块,这表明它们与 1867 年在南卡罗来纳州蓬勃发展直到 20 世纪初消亡的磷酸盐工业有关(Harris,1995;Harris,1996)。

图 13-1　阿什利河游览线路低潮时潮间带沉船残骸
（资料来源:南卡罗来纳州考古学与人类学研究所）

与此同时,在南卡罗来纳州公园、娱乐和旅游部的指导下,一项州级文化遗产旅游计划"南卡罗来纳州遗产走廊计划"启动了。该部门的设想是从高地到低地,或者对于非南卡罗来纳州的游客来说,是从山区到海岸来规划这条遗产走廊。游客可以通过步行、乘坐独木舟和皮划艇、骑自行车的方式,独立探索森林、海湾、运河和河流沿线的一系列线路。南卡罗来纳州公园、娱乐和旅游部在征集线路提名时还要求潜水爱好者就遗产走廊计划中需要增加的水下遗址部分提供建议。他们总结了一套评估标准,包括无障碍性、受欢迎程度、安全性、历史主题和摄影潜力,供潜水员推荐遗址时开展评估。潜水爱好者的答复不一,有些人提出了不适宜的意见试图选择可以收集文物或化石的遗址,或是选择位于州外水域的沉船,但当地潜水员大部分对这一计划持积极和热情的态度(Harris,1995b)。

南卡罗来纳州公园、娱乐和旅游部邀请哈里斯代表查尔斯顿、科尔顿和多尔切斯特县的第四区委员会成员参与遗产走廊的开发。委员会希望找到南卡罗来纳州历史中被忽视的方面,哈里斯建议建设一条供独木舟手或皮划艇手进入的海洋遗产游览线路。巧合的是,经证明最近勘探的一艘沉船非常适合建设成这样一条线路。在区域遗产走廊委员会的大力支持下,有了可以将河流和船舶遗存作为一个主题纳入南卡罗来纳州遗产走廊整体范围的机会。这条游览线路的主题围绕查尔斯顿的重要经济脉络,包括种植园历史和当地工业活动,如磷酸盐开采、运输和提取技术,这些都是当地历史的重要组成部分,但尚未进行充分探讨。

阿什利河游览线路上的大部分沉船遗址只有在退潮时才能看到。由于潮差高达 1.2 米,划船参观 10 艘沉船必须顺着潮水转。配备一个由南卡罗来纳州立大学的南卡罗来纳州考古学与人类学研究所开发的塑封说明牌,桨手可以依靠图片指南来导航。这些说明牌还提供了与沉船相关的历史和考古信息,内容包括了船只的消亡、在河流上的使用情况、磷酸盐开采情况、当地造船业以及附近的历史文化遗产(如木兰种植园和米德尔顿广场)。另外,桨手可以在导游的带领下参观多尔切斯特的州立历史公园或米德尔顿广场种植园,这两个地点均提供线路说明牌。在导游的带领下,游客们还可以在这两个历史遗址中漫步,多尔切斯特的州立历史公园是一个考古公园,以一个废弃殖民城镇的遗迹为中心,该城镇兴盛于1695 年至 18 世纪 50 年代;米德尔顿广场在 18 世纪和 19 世纪曾是一个水稻种植园,现在则成了一个旅游景点。在参观历史公园或种植园的同时,游客可以将附近土地的历史与游览线路的历史联系起来。以下引用公园管理人员和护林员泰·霍克(Ty Houck)的话,他也是划船游览线路的主要导游。

这是一次独特的划船旅行,因为它实际上可以看作是一条流动的时间线。这是场独一无二的体验,你不必离开城镇就可以在田园诗意般的自然环境中划船,也不必为了参观沉船而潜入水中。在线路的上游,有着美丽的野外景色,蓝色苍鹭在头顶飞翔,鳄鱼在岸边的蜘蛛百合丛中晒太阳。当我们离公园越近时,殖民时期的沉船和磷酸盐采矿船便会相继出现,随后阿什伯勒区又自然地把我们带回了现代。

该历史公园每年组织约 12 次游览活动,游客人数从 4 人到 16 人不等,年龄从十几岁到七十岁不等。城堡历史俱乐部至少游览过这条线路 3 次。游览线路的相关消息通过公园的网站和出版物《公园景观》、传单和外部媒体(主要是报纸)进行传播。许多桨手对这条游览线路给出了积极的评价,他们对能同时欣赏沉船和大自然表示高度赞赏。唯一的缺点是公园里的独木舟数量有限,供不应求。公园管理员希望能在不久的将来获得一笔小额赠款,用来购买更多的独木舟。从好的方面来看,这条游览线路几乎不需要维护,导游会监控这些遗址是否存在任何恶化的迹象。在遗址维护的一个案例中,南卡罗来纳州立大学的南卡罗来纳州考古学与人类学研究所用不锈钢紧固件将船舶的内龙骨重新固定在框架上,以防木材被冲走。

13.3　库珀河水下的遗产之路

在讨论如何改善潜水员进出考古遗址的具体方式时,南卡罗来纳州考古学与人类学研究所考虑创建以单个遗址为中心的保护区或用一条游览线路将遗址群连接起来。最终,受到一些考古和后勤原因的影响,库珀河游览线路更具可能性。值得注意的是,库伯河的西支流中存在一组合适的沉船遗址,这几处遗址相对容易到达并且距离查尔斯顿的南卡罗来纳州考古学与人类学研究所野外办公室极近,便于实施游览线路的建设并监测其后续发展。1997 年,南卡罗来纳州公司、

娱乐和旅游部从美国交通部下属联邦公路管理局的国家休闲步道项目中获得
7 500 美元的拨款用于建设游览线路。项目由南卡罗来纳州公园、娱乐和旅游部
管理,目的是为潜水员开发一条专用线路。潜水志愿者以志愿服务时间的形式捐
赠了对等资金。伯克利郡公共工程公司(一家私人建筑公司)和两家当地潜水用
品店为游览线路建设提供了实物支持。此外,还有一笔 500 美元的私人捐赠用于
游览线路建设。随后,哈里斯共获得两笔南卡罗来纳州考古学与人类学研究所考
古研究信托基金的拨款,总计 3 700 美元,用于更全面地记录游览线路中两处沉船
遗址的信息。

南卡罗来纳州考古学与人类学研究所的计划包括引入系泊浮标,以防止锚泊
对沉船造成损害,并竖立适用于描述不同遗址的说明牌,同时提供潜水建议尽量
减少潜水活动对沉船的意外损害。1997 年秋,研究所组织了一次会议,邀请历史
保护主义者、考古学家、运动潜水员和潜水用品店老板就游览线路修建事宜展开
讨论。出乎意料的是,潜水员的反应最为矛盾,与会潜水员和潜水用品店老板并
未如预期的那样认同应该增加公众潜水的机会,而是表示如果沉船遗址的潜水者
数量增加,将对该遗址产生不利影响。研究所反驳说,早在 20 世纪 70 年代,遗址
已经遭受巨大破坏,当时潜水员将相关文物搜刮一空。此外,潜水员的个人潜水
活动和潜水用品店赞助的旅游活动已经使该地拥有了极高的访问量。事实上,此
段河流是南卡罗来纳州境内最热门的潜水点之一。研究所内部管理人员认为,可
通过鼓励公众参观来减少锚泊和潜水员造成的有害影响,从而改善对遗址的长期
保护工作。随后的会议上,潜水员和潜水用品店老板重新考量了这一提议和由此
带来的好处,事实证明他们亦愿意启动和协助实施这一项目。

1998 年,南卡罗来纳州考古学与人类学研究所与志愿者展开了为期数月的
合作,调查并记录了自 18 世纪早期到 20 世纪早期的 6 处遗址的信息。此外,研
究所也收集了有关这些遗址的历史和考古资料。幸运的是,研究所早期在该地区
的工作和库珀河调查项目的成果给他们带来了大量信息。库珀河调查项目小组

由一群潜水爱好者组成,在研究所的指导下工作并记录这段河流沿线的考古遗址(Harris et al.,1993)。此外,南卡罗来纳州公园、娱乐和旅游部分别在 1999 年和 2000 年获得南卡罗来纳州考古学与人类学研究所考古研究信托基金的两笔拨款,用于对库珀河游览线路上的两艘沉船皮姆利科号(Pimlico)和梅普金修道院号(Mepkin Abbey)进行更深入的调查。

可以想象的是,根据潮汐和其他变量,如观赏遗址的时间等,潜水员可以在库珀河水下的遗产之路上一次性完成 6 处遗址的巡回游览,潜水员也可以在这里体验夜潜。在参观过程中潜水员可以随时往返,自由完成整个行程。此游览线路上的第一处遗址草莓号(Strawberry)沉船是一艘英国小型军舰的残骸,这艘军舰在独立战争期间被韦德·汉普顿(Wade Hampton)上校和他领导的游击队烧毁。潜水员在早期报告中说他们在沉船上发现了英国宽箭头标记。该沉船位于草莓渡轮码头附近,这是一个由原木、压舱石和砖块构成的木笼构筑物(见图 13-2)。该渡轮码头建于 1705 年,主要是为查尔斯顿市与对岸的边境城镇奇尔德斯伯里以及边远定居点居民提供服务。

潜水员向上游前行,随后即可参观沉船皮姆利科号,这是一艘大型帆船,历史可以追溯到 19 世纪初至 19 世纪中期,现埋在河道边缘处的沙土内。21 世纪初的考古调查结果显示,该沉船船首至船尾间留存有大量的下部船体。显然,这艘沉船是由于失去了压舱石和文物而遭拆毁和抛弃的,尽管现场散落有土著陶瓷制品,但这些可能是来自附近遭到了侵蚀的印第安人遗址。船体裸露结构的数量随沙土在沉船上的来回冲刷而变化,具体变化量取决于潮汐和上游大坝释放的水流的增加量。

如果潜水员继续往前游,则可靠近皮姆利科号进行观察。这是一艘拖船,从其两端的吊环可以看出,这艘船曾被拖拽上火车。这艘拖船很可能建于 19 世纪末至 20 世纪初。潜水员们将在该拖船上的潜水体验比作"在浴缸里潜水"。向湿地方向游去,潜水员和船上乘客可以看到稻作农业遗存,包括支撑堤坝的支柱和

图 13-2　草莓渡轮码头木笼构筑物残骸

（资料来源：南卡罗来纳州考古学与人类学研究所）

调节稻田进出水流的水闸。

　　游览线路上的最后两处遗址是一艘沉船和一处码头，且此两处遗址均毗邻种植园旧址，这个种植园与著名殖民地种植园主、商人、船舶所有人和政治家亨利·劳伦斯（Henry Laurens）有关。1827 年之前，这处资产一直归劳伦斯家族所有。早在 20 世纪 70 年代中期，潜水员便找到了沉船，并发现了由墙板和大量石罐组成的货物，由此将沉船的年代追溯到 19 世纪早期。这艘小型帆船的残骸显示其曾遭烧毁，现存下部船体，包括从艏部到艉柱的榫眼。1980 年，南卡罗来纳州考古学与人类学研究所提取了艉柱和船舵进行分析。分析结果表明该拖船是采用当地木材建造的。记录的信息表明，此拖船可能是一艘工作用船，原因在于它的底部扁平，且船底的转弯处安装有一个坚硬的挡板（Wilbanks，1981）。梅普金码头是一个用原木和压舱石制作的木笼构筑物，采用榫卯连接，主要用于装卸运往查尔斯顿市种植园使用或销售的货物及产品。大量文物如砖块、瓷砖、陶瓷和各种钢铁紧固件散落在阶梯平台周围。这项遗产目前归经营梅普金修道院的特拉普派修道士所有。

13.4 游览线路说明及管理

游览线路的配套基础设施包括宣传册、导览板、系泊浮标和指南。宣传册可为潜在游客提供游览线路的宣传概要。当地潜水用品店可以提供 6 块导览板。其中一块导览板上写明了河流的历史、当地动植物、系泊细节以及潜水信息,特别是夜间潜水信息;具体游览线路图位于导览板的背面。剩下的 5 块集中于特定遗址或遗址群。每块导览板的内容都包括一个遗址平面图,以及与该遗址相关的历史用途或主题的介绍,例如稻作农业、当地经济、河流和沿海船只、造船以及任何特殊的潜水说明。系泊系统由一个浮标和一块重 340 磅①的水泥块组成,水泥块已嵌入泥灰岩河底。这些水泥块仅用于船只停泊,并为水下标识牌提供基座。指南是必不可少的,原因在于随潮汐和季节变化,河流的能见度也会有很大变化。游览线路的维护工作主要集中在 6 个系泊浮标和硬件设备的监控上,这些设备可能会因为系泊漂浮上生长的水生植物和意外的船只撞击而遭到损毁或污染,同样可能存在其他的"具体细节"问题。最初的设想是将此游览线路全年开放,然而因具体的维护问题导致线路 10 月至 4 月关闭。这为系泊浮标清洁、系泊设备修复和其他问题的解决提供了机会。

自 1999 年春季主要游览线路工程完成以来,已经有了数次改进或变更事项。1999 年秋季,游览线路上增加了一件当地潜水员从旅游区非法打捞来的大型船锚,这点改变意想不到地增强了这条游览线路的效果。在南卡罗来纳州考古学与

---

① 译者注:磅为质量单位,1 磅 = 0.453 592 公斤。

人类学研究所的监督下,锚被放置在皮姆利科号遗址而非其原始沉船处,因为在此处相对容易使用起重机将质量达 900 磅的锚放回水中。2000 年,另一个锚在该州东南部被一个捕虾人发现。由于没有充足的资金对锚进行保护,遂决定将它放置于第一个锚附近并对其状况进行监测。2000 年秋季,研究人员将艉柱和船舵返还至梅普金号沉船内(见图 13-3)。在使用聚合杆重新组装后,这些木制品被重新固定在船首附近。现在,由于增加了这些部件,潜水员对殖民时期船舶构造有了更全面的认识。

图 13-3 潜水员在更换梅普金号沉船的舵和艉柱之前休息一会儿

(资料来源:南卡罗来纳州考古学与人类学研究所)

除关注个别游览线路上的遗址外,解说材料中同样包含了船舶周围环境的信息。基本上整个河流系统都有人为干预迹象:直接的景观变化,比如由于奴隶劳动致使柏树、沼泽变成了稻田;线路上游的莫尔特里湖大坝调节着河道的流量,在 20 世纪初开凿的老桑提运河被用于改善当地与内陆之间的通航条件,而达勒姆运河既是通往这条游览线路的通道,又将淡水分流至查尔斯顿市。此外,解说材料还介绍了附近其他文化景点的信息,包括种植园、老桑提运河国家公园、梅普金修道院和龙柏花园。潜水员及其家人在此地逗留期间可能会喜欢参观这些景点。

游客主要通过大查尔斯顿地区的三家当地潜水用品店来规划游览路线。很多人选择将此地点作为训练场地,帮助潜水员体验夜间潜水。此外,南卡罗来纳州考古学与人类学研究所利用上述遗址开展野外潜水训练课程,教授记录沉船事故的基本知识。个别潜水员也会来体验此游览线路。目前,研究所仍在努力收集游客反馈,并对他们关心的问题做出回应。游览线路的建设仍在继续,研究所预计在未来几年可能将更多景点划入该条游览线路,并不断补充新的信息来增强对现有遗址的理解。针对非潜水游客和那些有计划去库珀河旅行的人群的有关游览线路的网页同样正处于开发过程中。

13.5　结论

阿什利河和库珀河游览线路的修建为来访的潜水员和桨手提供了接触历史的机会,方便他们接近并探索潮间带和南卡罗来纳州的海洋文化遗产。事实证明,此类游览线路的修建是有益的,向公众宣传这些被选定的遗址的历史和考古意义,不但可以帮助他们了解水下文化资源,还可以促进相关组织和个人联合起来保护海洋文化遗产。目前,南卡罗来纳州考古学与人类学研究所正致力于库珀河游览线路的系泊浮标维护和长期记录工作。目前,尚未有在该州修建另一条游览线路或保护区的计划,不过很可能会开发更多的遗址供公众参观。与此同时,这些游览线路向所有人开放,游客可以在露天和水下博物馆欣赏南卡罗来纳州的海洋文化遗产。

结　论

本书的目的是尽可能多地将关于水下考古保护区、公园和游览路线的想法及实践集中在一起。这种水下文化资源管理形式的主要目标相对简单：为公众提供了解沉船的机会。教育、娱乐和历史保护等主题是设立水下考古保护区、公园和游览路线的核心。在书中关于设立水下考古保护区、公园和游览路线的立法、展示和实施的实例中，通过允许潜水员和非潜水员接触那些被水、沉积物还有时间长雾所笼罩的水下文化遗存，来展示在世界各地实现预期效果的多种方法。

世界各地的沉船和其他水下文化资源正受到越来越大的压力，这些压力源自那些想要了解与这些水下文化资源有关的历史的人。通常情况下，似乎唯一实用的沉船或文物是博物馆或壁炉架上陈列的那些。本书各章证明了另一个准则，即沉船的最佳展示地点是在水下，埋藏在它自己的"坟墓"中。参观沉船的游客可以合理的方式进入沉船的内部空间去目睹那些承载时光的人类工业；所有感官都被召唤着去感受这鱼群栖居、藤壶包裹、泥沙掩埋的沉船。观察它从人工构造物演化成"珊瑚礁"的稳定过程，这种体验与在博物馆里看一艘沉船，或在陈列柜里看一件文物是一样的。

沉船文化资源管理者可以通过多种方式增加公众与沉船相遇的可能。一旦决定建立水下考古保护区、公园或游览步道，建立接触沉船的通道是主要目标。访问形式多种多样，管理者可以通过提供包括系泊浮标，发布资料手册和水下标识牌，举办陆上展览，推出网站并通过放还实际组件或放置文物复制品等来增强遗址的功能性。也许最重要的就是那些解说材料的内容,即向参观者传达水下考古遗址及其周围环境的历史和考古意义。最佳方案则是通过为游客打开通往过去的通道。水下文化资源管理者可以在适当的地方宣传保护的概念,并开始培养管理意识,确保资源的可持续性,供未来潜水员和非潜水员参观、探索和学习。

编者和各章的作者打算将本书作为初级入门读物,目标群体是那些有兴趣带领公众进入沉船和其他水下文化遗址相关领域的从业者们。通过书中记录的活动和总结的经验,我们希望其他人在开发该地区的水下考古保护区、公园和游览路线时能得到指导和启发。尽管在撰写本书时这一概念只在全世界相对较少的地区实践过,但它是一个健全的概念,只要使用的理由和方式符合该资源的最大利益即可。我们希望本书将有助于在世界范围内扩大水下考古保护区、公园和游览路线的建立;我们也将继续宣传保护这些资源的重要性,让这些资源成为我们海上沉船史中不可替代的一部分。

结 论

参考文献

第 1 章

Amer，Christopher F.，1998，The South Carolina historic ships supply program. in：*Underwater Archaeology*，Lawrence E. Babits，Catherine Fach and Ryan Harris，eds.，Society for Historical Archaeology，Atlanta，pp. 20 - 24.

Bayreuther Ⅲ，William A.，1987，The USS *Constitution* Museum：telling the story of a national symbol，in：*Underwater Archaeology Proceedings From The Society For Historical Archaeology Conference*，Alan B. Albright，ed.，Society for Historical Archaeology，Savannah，pp. 2 - 3.

Carter，Elizabeth.，1997. Let technical divers explore shipwrecks，*Burlington Free Press*，September 23. p. A9.

Cleere. H. F.，ed.，1989，Archaeological heritage management in the modem world. in：*One World Archaeology*，Volume 9，Unwin Hyman，Ltd.，London.

Cohn，Arthur B.，Cozzi，Joseph R.，Crisman，Kevin J.，and MacLaughlin，Scott A.，1996，*Underwater Preserve Feasibility Study of the Lake Champlain Canal Schooner O. J. Walker（VT - CH - 594）Burlington，Chittenden County，Vermont*，Report to the Vermont Division for Historic Preservation，Montpelier，from the Lake Champlain Maritime Museum，Ferrisburg.

Fitch，James Marston，1982，*Historic Preservation：Curatorial Management of the Built World*，McGraw-Hill Book Company，New York.

Green，Susan，1997，$ 100,000 set for study of sunken boat，*Burlington Free Press*，September 27，p. A4.

Halsey，John R.，1996，Shipwreck preservation in Michigan：Two decades on，*Common Ground，Archaeology and Ethnography in the Public Interest：Contested Waters* 1（3 & 4）：27 - 33.

Kaoru，Yoshiaki，and Hoagland，Porter，1994，The value of historic shipwrecks：Conflicts and management，*Coastal Management* 22：194 - 205.

King，Thomas F.，Hickman，Patricia Parker，and Berg，Gary，1997，*Anthropology In Historic Preservation：Caring For Culture's Clutter*，in：*Studies In Archeology*，Stuart

Struever ed., Academic Press/Harcourt Brace Jovanovich Publishers, Inc., New York.

Martin, Colin, ed., 1981, Protection of the underwater heritage. in: *Protection of the Cultural Heritage Technical Handbook for Museums and Monuments*, Vol.4, UNESCO, Paris.

Muckelroy, Keith, ed., 1980, *Archaeology Under Water An Atlas of the World's Submerged Sites*, McGraw-Hill Book Co., New York.

Peebles, Giovanna, and Skinas, David, 1985, The management of Vermont's underwater resources: A model for shared responsibility, in: *Proceedings of the Sixteenth Conference on Underwater Archaeology*, Paul Forsythe Johnston ed., Society for Historical Archaeology, Boston, pp.46-53.

Roylance, Frank D., 1997, *Constellation* goes dry, *Naval History* 11(2):25.

Roylance, Frank D., 1996, Home city to help the *Constellation*, *Naval History* 10 (2):8.

Smith, Roger C., 1998, Discovery, development and interpretation of Florida's earliest shipwreck: A partnership in research and historic preservation., in: *Underwater Archaeology*, Lawrence E. Babits, Catherine Fach and Ryan Harris, eds., Society for Historical Archaeology, Atlanta, pp.115-121.

Smith, Roger C., ed., 1990, Establishing An Underwater Archaeological Preserve in the Florida Keys, *Florida Archaeological Reports 7*, Tallahassee.

Stipe, Robert, 1983, Legal techniques in historic preservation, in: *Readings in Historic Preservation: Why? What? How?*, Norman Williams Jr., Edmund H. Kellogg, and Frank B. Gilbert, eds., Rutgers University, Center for Urban Policy, New Brunswick, pp.52-61.

Throsby, David, 1997, Seven questions in the economics of cultural heritage, in: *Economic Perspectives on Cultural Heritage*, Michael Hutter, and Ilde Rizzo, eds., St. Martin's Press, Inc., New York, pp.38-43.

Weeks, Kay D., and Grimmer, Anne E., 1995, *The Secretary of the Interior's Standards for the Treatment of Historic Properties with Guidelines for Preserving, Rehabilitating, Restoring & Reconstructing Historic Buildings*, U. S. Department of the Interior, National Park Service, Washington, D.C.

第 2 章

Ahem, Katherine, 1992, *Cultural Landscape Bibliography: An Annotated Bibliography on Resources in the National Park System*, National Park Service, Washington, D.C.

Birnbaum, Charles A., and Peters, Christine c., eds., 1996, *The Secretary of the Interior's Standards for the Treatment of Historic Properties with Guidelines for the Treatment of Historic Landscapes*, National Park Service, Washington, D.C.

Firth, Antony, 1999, *Three Facets of Maritime Archaeology: Society, Landscape and Critique*, Department of Archaeology, University of Southampton, United Kingdom

(December 26,1999); http://www.st-agnes.orgl-dcrankistudentIFIRTH.HTM.

Hunter, J.R, 1994, Maritime Culture: Notes from the land, *The International Journal of Nautical Archaeology* 23(4):261 – 264.

Martin, Jay C., 1996, *Preliminary Comparative and Theme Study of National Historic Landmark Potentialfor Thunder Bay, Michigan*, Great Lakes Visual/Research, Inc., Lansing, Michigan.

McClelland, Linda F., Keller, J. Timothy, Keller, Genevieve, P., and Melnick, Robert Z., 1990, *National Register Bulletin* # 30: *Guidelines for Evaluating and Documenting Rural Historic Landscapes*, National Park Service, Washington, D.C.

Miller, G. Tyler Jr., 1998, *Living in the Environment: Principles, Connections, and Solutions*, Wadsworth Publishing Company, New York.

Muckelroy, Keith, 1978, *Maritime Archaeology*. Cambridge University Press, United Kingdom.

National Oceanic and Atmospheric Administration (NOAA), 1999, *Final Environmental Impact Statement and Management Plan for the Thunder Bay National Marine Sanctuary*, NOAA, Silver Spring, Maryland.

National Park Service (NPS), 1998, *Final General Management NPS Plan and Environmental Impact Statement for Isle Royale National Park, Michigan*, NPS, Denver Service Center, Denver, Colorado.

National Park Service (NPS), 1997, *Cultural Resource Management Guideline* # 28, NPS, Washington, D.C.

National Park Service (NPS), 1992, *Guidelines for the Treatment of Historic Landscapes (Draft)*, NPS, Washington, D.C.

U.S. Congress, 1986, *Technologies for Prehistoric & Historic Preservation, OTA – E – 319*, Office of Technology Assessment, Washington, D.C.

Vrana, Kenneth J., ed., 1995, *Inventory of Maritime and Recreation Resources of the Manitou Passage Underwater Preserve*, Center for Maritime & Underwater Resource Management, Michigan State University, East Lansing, Michigan.

Vrana, Kenneth J., and Schornack, Dennis L., 1999, *The Thunder Bay Underwater Park and National Shipwreck Sanctuary: A Business Plan*, Center for Maritime & Underwater Resource Management, Michigan State University, East Lansing, and the Office of the Governor, Lansing, Michigan.

Westerdahl, Christer, 1999, *The Maritime Cultural Landscape: On the Concept of the Traditional Zones of Transport Geography*, Institute of Archaeology and Ethnology, University of Copenhagen, Denmark (December 26, 1999); http://www.abc.se/-mI0354/mar/publ/cultland.htm.

Westerdahl, Christer, 1994, Maritime cultures and ship types: Brief comments on the significance of maritime archaeology, *The International Journal of Nautical Archaeology* 23(4):265 – 270.

Westerdahl, Christer, 1992, The maritime cultural landscape, *The International Journal of Nautical Archaeology* 21(1):5 – 14.

Wood, Christopher A., 1994, Ecosystem management: achieving the new land ethic. *Renewable Resources Journal* 12(1):6 – 13.

第3章

Grenier, R., 1994, The concept of the Louisbourg Underwater Museum, in: *The Northern Mariner/Le Marin du Nord* Ⅳ(2):3 – 10.

National Historic Sites Directorate, 1993, *Guidelines for the Management of Archaeological Resources in the Canadian Parks Service*, Parks Canada, Ottawa.

Parks Canada, 1994, *Parks Canada Guiding Principles and Operational Policies*, Minister of Supply and Services Canada, Ottawa.

Ringer, R. J., and Folkes, P., 1991, *A Marine Archaeological Survey of Fathom Five National Marine Park*, National Historic Parks and Sites Branch, Parks Service, Environment Canada, Ottawa.

Stevens, E. W., 1994, *Louisbourg Submerged Cultural Resources Survey*, Marine Archaeology Section, National Historic Parks and Sites Branch, Canadian Parks Service, Ottawa.

第4章

Abandoned Shipwreck Act, 1987, P. L. 100 – 298.

Abandoned Shipwreck Act: Final Guidelines, 1990, National Park Service, 55 FR 50116. Archaeological Resources Protection Act, 1979, P. L. 96 – 96.

Fehr, S. C. and Hsu, S. S., 2000, Land, music museum slated for funds, *Washington Post* February 8:A15.

Keatts, H. C., 1992, The black panther U-boat discovered in the Potomac River, *Discover Diving* March-April:44 – 48.

Keatts, H. C. and Farr, G. C., 1986, *Dive Into History*, *Vol. 3: U-Boats*, Pisces Books, Houston.

Leeson, C. and Breckenridge, C., 1999, *Phase I Archaeological Survey of Point Lookout Tracking Station and Adjunct Theodolite Stations*, *Naval Air Station Patuxent River*, *St. Mary's County*, *Maryland*, report prepared for the Maryland Department of Natural Resources, NAS PAX, on file, Maryland Historical Trust, Crownsville, Maryland.

Miller, H. M., Mitchell, R. M., and Embrey, J. W., 2001, *A Phase One Archaeological Survey of the Beach and Nearshore Areas at St. Mary's City*, *St. Mary's County*, *Maryland*, report prepared for the U. S. Army Corps of Engineers, Baltimore District, Baltimore, on file, Maryland Historical Trust, Crownsville, Maryland.

Mills, E., 1996, *Chesapeake Bay in the Civil War*, Tidewater Publishers, Centreville, Maryland.

Pohuski, M. and Kiser, J., 1995, *Buoy Maintenance*, *Status Reports and Safety*

Guidelines on the U − 1105 Black Panther Historic Shipwreck Preserve, report on file, Maryland Historical Trust, Crownsville, Maryland.

Pohuski, M. and Shomette, D., 1994, *The U − 1105 Survey, A Report on the 1993 Archaeological Survey of 18ST636, A Second World War German Submarine in the Potomac River, Maryland*, report on file, Maryland Historical Trust, Crownsville, Maryland.

Shomette, D., 1996, *Ghost Fleet of Mallows Bay, and Other Tales of the Lost Chesapeake*, Tidewater Publishers, Centreville, Maryland.

Shomette, D., 1998, *The Shipwrecks of Mallows Bay, Inventory and Assessment*, report on file, Maryland Historical Trust, Crownsville, Maryland.

Stem, R. C., 1991, *Type Ⅶ U-boats*, Naval Institute Press, Annapolis, Maryland.

Submerged Archaeological Historic Property Act, 1988, Annotated Code of Maryland Article 838, §§ 5 − 601, 5 − 611. 1, 5 − 620 and 5 − 630.

第 5 章

Coletta, P., 1987, *The American Naval Heritage*, University Press of America, New York.

Friday, J., 1988, *A History of the Wreck of the USS Huron*, unpublished master's thesis, East Carolina University, Greenville, North Carolina.

Friday, J., and Lawrence, R., 1991, *USS* Huron *National Register of Historic Places Registration Form*, manuscript on file, Underwater Archaeology Unit, Kure Beach, North Carolina.

Lawrence, R., 1990, *A Review of the Shipwreck Preserve System and Recommendations for the Creation of the USS* Huron *Shipwreck Preserve in North Carolina*, manuscript on file, Underwater Archaeology Unit, Kure Beach, North Carolina.

Means, D., 1987, A heavy sea running; the formation of the U. S. Life Saving Service, 1848 − 1878, *Prologue, Journal of the National Archives*, Volume XIX, Number 4.

第 6 章

Advisory Committee on Historic Wreck Sites (ACHWS), 1997, *Annual Report*. Department of Culture Media and Sport, London.

Cook, J., and Kaye, B., 2000, A new method for monitoring site stability in situ, *Nautical Archaeology Society Newsletter* 2000(4);7.

Dean, M., Lawrence, M., Liscoe, S., Oxley, I., Wood, A., 1999, *Protected Historic Wrecks, Guidance Notes for Divers and Archaeologists*, Archaeological Diving Unit, University of St Andrews, St Andrews.

Diamond, P., 1994, The Dartmouth, NAS Part Ⅱ Survey Project, Nautical Archaeology Society, Portsmouth.

English Heritage, 1988, *Visitors Welcome*, London.

Fenwick, V., and Gale, A, 1998, *Historic Shipwrecks: Discovered, Protected and*

Investigated, Tempus, Stroud.

Firth, A., 1999, Making archaeology: the history of the protection of Wrecks Act 1973 and the constitution of an archaeological resource, *International Journal of Nautical Archaeology* 28(1):10 – 24.

Gregory, D., 1999, Monitoring the effect of sacrificial anodes on the large iron artefacts on the Duart Point Wreck 1997, *International Journal of Nautical Archaeology* 28(2): 164 – 175.

Gubbay, S., 1988, *Coastal Directory for Marine Nature Conservation*, Marine Conservation Society, Gloucester.

Historic Scotland, 1999, *Conserving the Underwater Heritage*. Historic Scotland Operational Policy Paper HP. 6, Historic Scotland, Edinburgh.

Irving, R., and Gilliland, P., 1998, Lundy's Marine Nature Reserve, a short history, in: *Island studies*, *Fifty Years of the Lundy Field Society*, R. Irving, J. Schofield, and C. Webster, eds., Devon, pp. 185 – 203.

JNAPC, 2000, *Heritage Law at Sea*, University of Wolverhampton, Wolverhampton, UK.

Martin, C., 1978, The Dartmouth, a British frigate wrecked off Mull, 1690, in: The Ship, *International Journal of Nautical Archaeology* 7(1): 9 – 58.

Martin, C., 1995, A Cromwellian shipwreck off Duart Point, Mull: an interim report, *International Journal of Nautical Archaeology* 24(1):15 – 32.

Martin, C., 1998, *Scotland's Historic Shipwrecks*, Batsford, UK.

Momber, G., and Satchell, J., 2001, Having a trail of a time, *Nautical Archaeology Society Newsletter* 2001(4):1.

Oxley, I., 2001, Towards the integrated management of Scotland's cultural heritage: examining historic shipwrecks as marine environmental resources. *World Archaeology* 3 (2):in press.

Robertson, P., 1992, The Seven Sisters Voluntary Marine Conservation Area: a Maritime Archaeological Perspective, M. Litt thesis, Scottish Institute of Maritime Studies, University of St Andrews, St Andrews.

Robertson, P., and Heath, J., 1997, Marine Archaeology and Lundy, in: *Island studies. Fifty Years of the Lundy Field Society*, R. Irving, J. Schofield, and C. Webster, ed., . Devon, pp. 77 – 86.

UK CEED, 2000, *A Review of the Effects of Recreational Interactions Within UK Marine Sites*, Countryside Council for Wales (UK Marine SAC's Project), UK.

第 7 章

Baldwin, E. R., Cohn, A. B., Crisman, K. J. and McLaughlin, S. A., 1996, *Underwater Historic Preserve Feasibility Study of the Lake Champlain Steamboat Champlain Ⅱ*, Lake Champlain Maritime Museum, Ferrisburg, Vermont.

Belisle, R. and Cousins, A., 1999, *The Lake Champlain Underwater Historic Preserve*

Management Plan for the Management of the Current and Future Underwater Preserve System, Lake Champlain Maritime Museum, Ferrisburg, Vermont.

Cohn, A.B., Eddy, L., Petty, L., and Tichonuk, E., 1996, *Zebra Mussels and Their Impact on Historic Shipwrecks*, Lake Champlain Management Conference, Lake Champlain Maritime Museum, Ferrisburg, Vermont.

Cohn, A. B., Cozzi, J. R., Crisman, K. J., and McLaughlin, S. A., 1996, *The Archaeological Reconstruction of the Lake Champlain Canal Schooner General Butler*, Lake Champlain Maritime Museum, Ferrisburg, Vermont.

Cohn, A.B., Cozzi, J.R., Crisman, K.J., and McLaughlin, S.A., 1996, *Underwater Preserve Feasibility Study of the Lake Champlain Canal Schooner General Buller*, Lake Champlain Maritime Museum, Ferrisburg, Vermont.

Crisman, K.J. and Cohn, A.B., 1998, *When Horses Walked on Water: Horse-Powered Ferries in Nineteenth-Century America*, Smithsonian Institution Press, Washington and London.

Davison, R., 1981, *The Phoenix Project*, The Champlain Maritime Society, Burlington, Vermont.

Lake Champlain's Underwater Historic Preserve System, 1996, *Dive Historic Lake Champlain*, Lake Champlain Maritime Museum, Ferrisburg, Vermont.

McLaughlin, S.A. and Lessmann, A.W., 1998, *Lake Champlain Underwater Cultural Resources Survey*, Lake Champlain Maritime Museum, Ferrisburg, Vermont.

Sabick, C.R., Lessmann, A.W., and McLaughlin, S.A., 2000, *Lake Champlain Underwater Cultural Resources Survey*, Lake Champlain Maritime Museum, Ferrisburg, Vermont.

Watzin, M.C., Cohn, A.B., and Emerson, B.P., 2001, *Zebra Mussels, Shipwrecks and the Environment*, School of Natural Resources, University of Vermont, Burlington, Vermont.

第8章

Bane, M., 1992, USS Massachusetts, *Rodale's Scuba Diving* December: 13 - 14.

Florida Bureau of Archaeological Research, 2001, Tallahassee; http://dhr.dos.state.fl.uslbar/uap or www.flheritage.comlpreserves.

Florida Bureau of Archaeological Research, 2000, Tallahassee; http://www.flheritage.com/maritime.

Miller, J.J., 1989, Managing Florida's historic shipwrecks, *Underwater Archaeology Proceedings* 1989:53 - 55.

Reeves, L., 2001, Historic Florida wrecks, *Rodale's Scuba Diving* 10(2):42 - 47.

Smith, R. C., 1991, Florida's underwater archaeological preserves, *Underwater Archaeology Proceedings* 1991:43 - 46.

第 9 章

Anonymous, 1993, Underwater trail enhances shipwreck diving at Alger Underwater Preserve, *Michigan Underwater Preserve Council Newsletter* Winter: 1,4.

Alger Underwater Preserve Committee, Inc., 1985, *1985 Alger Underwater Preserve Diver Information Survey Results, Expenditures, and Secondary Economic Impacts*, Munising, Michigan.

Halsey, J., 1990, *Beneath the Inland Seas: Michigan's Underwater Archaeological Heritage*, Bureau of History, Michigan Department of State, Lansing, Michigan.

Halsey, J., 1989, Nine years before the mast: Shipwreck management in Michigan since 1980, in: *Underwater Archaeology Proceedings from the Society for Historical Archaeology Conference*, J. Barto Arnold Ⅲ, ed., Society for Historical Archaeology, Baltimore, pp.43 – 48.

Halsey, J., 1985, Michigan's Great Lakes bottomland preserves, in: *Marine Parks & Conservation: Challenge and Promise* Vol.2, Jon Lien and Robert Graham, eds., National and Provincial Parks Association of Canada, Toronto, pp.65 – 76.

Harrington, S., 1998, *Divers Guide to Michigan*, Maritime Press Inc., Grand Rapids, Michigan.

Harrington, S., 1993, *Intentional Vessel Sinking Guidelines: Final Report*, Maritime Research Associates, St. Ignace, Michigan.

Harrington, S., ed., 1990, *Diving into St. Ignace Past: An Underwater Investigation of East Moran Bay*, Maritime Press, Mason, Michigan.

Kohl, C., 1998, *The 100 Best Great Lakes Shipwrecks, Volume Ⅱ: Lake Michigan, Lake Superior*, Seawolf Communications, Inc., West Chicago, Illinois.

Labadie, C. P., 1989, *Submerged Cultural Resources Study: Pictured Rocks National Lakeshore*, Southwest Cultural Resources Center Professional Papers No.22, Santa Fe, New Mexico.

Laraway, L., 1994, Home at last, *Dive Munising News*, Edition 1, pp.1.

Lindquist, P., 1995, *Steven M. Selvick, Dive Munising News*, Edition 1, pp.1,4.

McClellan, S., 1985, Fathom Five Provincial Park: Working example of an underwater park, in: *Marine Parks & Conservation: Challenge and Promise* Vol.2, Jon Lien and Robert Graham, eds., National and Provincial Parks Association of Canada, Toronto, pp.173 – 177.

National Geographic Society, 1978, *National Geographic Picture Atlas of Our Fifty States*, National Geographic Society, Washington, D.C.

Peters, S., and Ashlee, L., 1992, Working for a living, *Michigan History Magazine* 76 (6):47 – 51.

Sommers, L., ed., 1977, *Atlas of Michigan*, Michigan State University Press, East Lansing, Michigan.

Stayer, P. and J. Stayer, 1995, *Shipwrecks of Sanilac*, Out of the Blue Productions, Lexington, Michigan.

falseStonehouse, F., 1991, *Shipwreck of the Mesquite*: *Death of a United States Coast Guard Cutter*, Lake Superior Port Cities Inc., Duluth, Minnesota.

Warner, Thomas, 1974, *Proposed Thunder Bay Underwater Historical Park*, Department of Park and Recreation Resources, Michigan State University, East Lansing, Michigan.

第 10 章

Banks, L., 1999a, *Convict Trail Project*: *Draft Business Plan 2000 - 2003*, Sydney.

Banks, L., 1999b, Road Works in Progress, *Convict Trail Project Update* (newsletter), Number 7.

Budde, P., 1997, *Convict Trail Great North Road*: *Annual Report 1997*, Erina.

Heritage Office, 1999, *Wrecks Alive*: *Community Shipwreck Survey Kit*, Sydney.

Heritage Office, 1998, *Shipwreck Trails*: *Guidelines*, Sydney.

Heritage Office, 1996, *Shipwreck Atlas of New South Wales*, ed. 3, Sydney.

Heritage Office, 1995, *Underwater Heritage*: *Local Government Guidelines*, Sydney.

Heritage Office, 1995, *NSW Heritage*: *Guidelines for Heritage Trails*, Sydney.

Heritage Victoria, 1994, *The Discovery Coast historic shipwreck trail guide* (brochure), Melbourne.

Jeffery, B., 1990, Realising the cultural tourism potential of South Australian shipwrecks, in: *Historic Environment* 7(3):72 - 76.

Kenderdine, S., 1995, *Historic Shipwrecks National Research Plan*, Department of Communications and the Arts, Canberra.

McCarthy, M., 1983, Wrecks and recreation, in: *Proceedings of the Second Southern Hemisphere Conference on Maritime Archaeology*, South Australian Department of Environment and Planning, Adelaide, pp.381 - 390.

McCarthy, M., and Garratt, D., 1998, The WA Maritime Museum's wreck access and outreach program, in: *Bulletin of the Australian Institute for Maritime Archaeology* 22: 127 - 132.

Nutley, D., 1998, Ten years of shipwreck access and management practices in New South Wales, in: *Bulletin of the Australian Institute for Maritime Archaeology* 22:115 - 118.

Penrose, J., 1983, Education in maritime archaeology: an Australian perspective, in: *Proceedings of the Second Southern Hemisphere Conference on Maritime Archaeology*, South Australian Department of Environment and Planning, Adelaide, pp.65 - 77.

Prince, B., 1997, The evaluation of the Rottnest Island trail experiment, in: *Bulletin of the Australian Institute for Maritime Archaeology* 11(1):5 - 6.

Punchard, E., 1992, Wreck trail identity plinths, a proposed new design for the Hamlin Bay Wreck Trail requiring minimal resource, unpublished paper, Western Australian Maritime Museum.

Robertson, E., 1990, History, heritage and interpretation: historic Quarantine Station, Manly, Sydney, in: *Locality*, *Bulletin of the Community History Program* 4(4):7 - 9.

Samuel, B., 1999, Interpreting heritage, in: *Heritage South Australia* 14:11 - ff.

Strachan, S., 1995, Interpreting maritime heritage: Australian historic shipwreck trails, in: *Historic Environment* 11(4):26 - 35.

Wilde-Ramsing, M., 1994, Hidden beneath the waves: an underwater archaeology educational kit, Underwater Archaeology Unit, North Carolina Division of Archives and History, Kure Beach, North Carolina.

第 11 章

Anderson, R., 1997, *Wrecks on the Reef: A Guide to the Historic Shipwrecks at Port Phillip Heads*, Heritage Council Victoria, Melbourne, Victoria.

Arnott, T., 2001, *History of the Clan Ranald*, paper presented at the Wardang Island Field School, Port Victoria, South Australia.

Binks, G., Dyke, J., and Dagnall, P., 1988, *Visitors Welcome: A Manual on the Presentation and Interpretation of Archaeological Excavations*, H.M.S.O., London.

Broxham, G., and Nash, M., 1998, *Tasmanian Shipwrecks, Volume 1: 1797 - 1899*, Navarine Publishing, Woden, ACT.

Broxham, G., and Nash, M., 2000, *Tasmanian Shipwrecks, Volume 2: 1900 - 1999*, Navarine Publishing, Woden, ACT.

Cairns, L., and Henderson, G., 1995, *Unfinished Voyages: Western Australian Shipwrecks 1881 - 1900*, University of Western Australia Press, Nedlands, Western Australia.

Christopher, P., 1990, *South Australian Shipwrecks 1802 - 1989: A Database*, Society for Underwater Historical Research, North Adelaide, South Australia.

Cleere, H. (ed.), 1984, *Approaches to the Archaeological Heritage: A Comparative Study of World Cultural Resource Management Systems*, Cambridge University Press, Cambridge.

Cleere, H. (ed.), 1989, *Archaeological Heritage Management in the Modern World*, Unwin Hyman, London.

Currie, R. R., and Var, T., 1992, Nature and historic-based tourism, in: *Joining Hands for Quality Tourism: Interpretation, Preservation and the Travel Industry*, R. S. Tabata, J. Yamashira, and G. Cherem (eds.), *Proceedings of the Heritage Interpretation International 3rd Global Congress*, University of Hawaii Sea Grant Extension Service, Honolulu, Hawaii, pp. 73 - 76.

De Young, B., 1992, A promising "distance learning" technology for coastal resource interpretation, in: *Joining Hands for Quality Tourism: Interpretation, Preservation and the Travel Industry*, R.S. Tabata, J. Yamashira, and G. Cnerem (eds.), *Proceedings of the Heritage Interpretation International 3rd Global Congress*, University of Hawaii Sea Grant Extension Service, Honolulu, Hawaii, pp. 83 - 85.

Edmonds, L., Kenderdine, S., Nayton, G., and Staniforth, M., 1995, National Historic Shipwrecks Research Plan, Department of Communication and the Arts,

Canberra, ACT.

Hall, C. M., and McArthur, S. (eds.), 1993, *Heritage Management in New Zealand and Australia*, Oxford University Press, Auckland, New Zealand.

Henderson, G., 1980, *Unfinished Voyages: Western Australian Shipwrecks 1622 - 1850*, University of Western Australia Press, Nedlands, Western Australia.

Henderson, G., and Henderson, K. J., 1988, *Unfinished Voyages: Western Australian Shipwrecks 1851 - 1880*, University of Western Australia Press, Nedlands, Western Australia.

Hosty, K., 1987, Historic shipwrecks legislation & the Australian diver: past, present & future, *The Bulletin of the Australian Institute for Maritime Archaeology* 11 (1): 21 - 25.

Jeffery, B., 1990a, A future direction of maritime archaeology in South Australia, *The Bulletin of the Australian Institute for Maritime Archaeology* 14(2):35 - 40.

Jeffery, B., 1990b, Realising the cultural tourism potential of South Australian shipwrecks, *Historic Environment* Ⅶ(3/4):72 - 76.

Kenderdine, S., 1995, *Shipwrecks 1656 - 1942: A Guide to Historic Shipwrecks of Perth, W. A.*, Department of Maritime Archaeology, Western Australian Maritime Museum, Fremantle, Western Australia.

McCarthy, M., 1983, Wrecks and recreation, in: *Proceedings of the Second Southern Hemisphere Conference on Maritime Archaeology*, B. Jeffery and J. Amess (eds.), Department of Planning, South Australian and the Department of Home Affairs, Adelaide, South Australia, pp. 381 - 390.

McCarthy, M., 1997, Australian maritime archaeology: changes, their antecedents and the path ahead, *Australian Archaeology* 47:3 - 38.

McCarthy, M., and Garrett, D., 1998, The Western Australian Maritime Museum's wreck access and outreach program, *The Bulletin of the Australian Institute for Maritime Archaeology* 22:127 - 132.

McManamon, F. P., and Hatton, A. (eds.), 2000, *CRM in Contemporary Society: Perspectives on Managing and Presenting the Past*, Routledg, London.

Nash, M., 2001, maritime heritage trails in Tazmania, email communication to C. Philippou. June 1,2001.

Nutley, D., 1987, Maritime heritage protection: education as the long arm of the law, *The Bulletin of the Australian Institute for Maritime Archaeology* 11(1):29 - 33.

Nutley, D., 1996, Underwater Cultural Heritage Management, in: *Issues in Management Archaeology*, *Tempus*, Vol. 5, L. J. Smith and A. Clarke (eds.), University of Queensland, St Lucia, Queensland, pp. 99 - 105.

Parsons, R. H., 1981, *Shipwrecks in South Australia: 1836 - 1875*, R. H. Parsons, Magill, South Australia.

Pearson, M., and Sullivan, S., 1995, *Looking after Heritage Places: The Basics of Heritage Planning for Managers, Landowners and Administrators*, Melbourne University

Press, Melbourne, Victoria.

Perkins, J., 1988, *The Shipwrecks of Port Elliot 1853 - 64*, Society for Underwater Historical Research, Adelaide, South Australia.

Potter, P.B., 1994, *Public Archaeology in Annapolis: A critical Approach to History* in *Maryland's Ancient City*, Smithsonian Institution Press, Washington, D.C.

Smith, T., 2003, Shipwreck Trails: Public Ownership of a Unique Resource? —An Australian Perspective, this volume.

Steinberg, D., 2000, The maritime culture of a struggling port: A study of early Darwin through the history of the *SS Brisbane*, unpublished paper presented at Australian Institute for Maritime Archaeology & Australasian Society for Historical Archaeology Joint Conference—*Archaeology, Heritage and Tourism Conference*, Adelaide, South Australia.

Strachan, S., 1995, Interpreting maritime heritage: Australian historic shipwreck trails, in: *Historic Environment* 11(4):26 - 35.

Strachan, S., 2000, *Silts in the Sight Glass: Protectors, and Raiders of the SS City of Launceston 1863 - 1865*, Heritage Victoria, Melbourne, Victoria.

Tabata, R.S., Yamashira, J., and Cherem, G. (eds.), 1993, *Joining hands for quality tourism: interpretation, preservation and the travel industry, Proceedings of the Heritage Interpretation International 3rd Global Congress*, University of Hawaii Sea Grant Extension Service, Honolulu, Hawaii.

Uzzell, D., (ed.), 1989, *Heritage Interpretation, Volumes 1 & 2*, Belhaven Press, New York.

第 12 章

Paasch I., 1997 (reprint of 1885 edition), *Paasch's Illustrated Marine Dictionary*, Lyon and Burford Publishers, New York.

Progranunatic Agreement among the National Oceanic and Atmospheric Administration, the Advisory Council on Historic Preservation, and the State of Rorida for Historical Resource Management in the Rorida Keys National Marine Sanctuary, 1998, Ⅲ.D.3.

第 13 章

Beard, D.V., 1990, The SS *William Lawrence*: South Carolina's first archaeological preserve?, *The Goody Bag*, 1(2):5 - 6, Newsletter of the Underwater Archaeology Division, South Carolina Institute of Archaeology and Anthropology, University of South Carolina, Columbia.

Harris, L., 1996, Shipwreck work continues on banks of the Ashley River, *Flotsam and Jetsam*, 7(1):4 - 5, Newsletter of the Underwater Archaeology Division, South Carolina Institute of Archaeology and Anthropology, University of South Carolina, Columbia.

Harris, L., 1995, Wreck graveyard found in the Ashley River, *Flotsam and Jetsam*, 6

(2): 1 & 3, Newsletter of the Underwater Archaeology Division, South Carolina Institute of Archaeology and Anthropology, University of South Carolina, Columbia.

Harris, L., 1995b, Dive sites to be included in the South Carolina Heritage Corridor, *Flotsam and Jetsam*, 6 (2): 4, Newsletter of the Underwater Archaeology Division, South Carolina Institute of Archaeology and Anthropology, University of South Carolina, Columbia.

Harris, L., Moss, J., and Naylor, C., 1993, *The Cooper River Survey: An Underwater Reconnaissance of the West Branch*, Research Manuscript Series 218, South Carolina Institute of Archaeology and Anthropology, University of South Carolina, Columbia.

Wilbanks, R., 1981, A preliminary report on the Mepkin Abbey Wreck, Cooper River, South Carolina: An early 19th Century river trading vessel, in: *Underwater Archaeology: The Challenge Before Us*, the Proceedings of the Twelfth Conference on *Underwater Archaeology*, G. P. Watts Jr., ed., Fathom Eight, New Orleans, pp. 151 - 158.

附　录

　　以下是历史考古学学会 2000 年专题研讨会的与会者名单和论文题目,也是本书成书的基础。基于许多因素,并非所有参与者的文章都收录于本书。

詹姆斯·D.斯皮雷克和德拉·A.斯科特-艾尔顿:《会议简介》

肖恩·盖斯特:《描述或解读:澳大利亚水下遗产的公众访问》

托德·汉纳斯:《保护、交流或娱乐:水下历史公园或保护区》

肯尼思·J.弗拉纳和盖尔·A.范德·斯托普:《雷霆湾水下保护区的海洋文化景观》

约翰·R.哈尔西和彼得·林德奎斯特:《画岩国家湖岸区之下》

约瑟夫·W.扎兹恩斯基:《殖民军舰和水下教室:山间湖泊中的水下遗产》

亚瑟·B.科恩:《尚普兰湖水下历史保护区计划》

苏珊·B.M.兰利:《马里兰州历史沉船保护区》

德拉·A.斯科特-艾尔顿:《保存、保护、推广:佛罗里达州的水下考古保护系统》

杰斐逊·J.格雷:《在戴里兰的潜水活动:开发威斯康星州的海洋游览线路》

詹姆斯·D.斯皮雷克和林恩·B.哈里斯:《海洋遗产的展示:南卡罗来纳州的水下实例》

布鲁斯·G.特雷尔:《佛罗里达群岛国家海洋保护区沉船之路:多用途的资源管理模式》

吉姆·亚当斯:《比斯坎国家公园:海洋文化资源管理案例研究》

蒂姆·J.史密斯:《"沉没"的海洋遗产:25 年的公众参与,澳大利亚的成功故事》

丹尼尔·拉罗什:《文化资源管理和加拿大水下遗产展示:对过去经验的回顾和对未来的思考》

罗杰·C.史密斯

索　引

U-1105 42—48

译后记

　　这一本论文汇编是历史考古学会（Society for Historical Archaeology，SHA）第33届历史与水下考古专题研讨会议题的一部分论文。来自美国、加拿大、英国、澳大利亚等国的考古学家和相关行业从业者对各类水下文化遗产的保护和展示开发提出了自己的见解，其中还包含了翔实的案例。如今的中国，在水下考古项目告一段落后，对于后续的遗址保护及开发并没有一个系统章程，多是以建立遗址公园或者博物馆为结果，这本书也可以给出一些新的思路。

　　机缘巧合下，我在2011年参与了母校和新南威尔士州环境与遗产办公室合作的水下考古课程，调查悉尼港相关的沉船和沿海城市等内容，当时来给我们上课的就是本书作者之一蒂姆·J.史密斯。在本书中能读到他的早期论文令我感到十分开心，也了解到他依旧奋斗在水下文化遗产保护的第一线上。2011年他作为项目负责人主导了日本M24型小潜艇的水下考古和管理项目，为我们讲述了近代舰船水下考古带来的机遇与挑战，也提到了未来想要对悉尼港所有的水下文化遗产包括沿海资源做一个时间地图，这是一个长期性的工作。除了史密斯外，我想本书的其余作者应该也是在相关领域继续做着专业工作，希望有机会能读到或者翻译他们的后续作品。

　　对于学术翻译而言，力求忠实于原文是本书翻译的基本原则，忠实性与可读性相结合也是我作为译者不断追求的目标。由于本书的作者来自不同的国家，在写作上对于书面词汇的用法也各有不同，在翻译过程中我只能尽量保持中文译文的一致。另外，一些相关概念和法律条文也是我在工作和学习当中从未接触过的，在翻译过程中我也阅读了不少相关中文论文并请教了多位学术界同仁，可以说是在不断的学习中完成了本书的翻译。

我要感谢上海市文物保护研究中心给了我这样一个宝贵的机会参与水下考古译丛系列的图书翻译。在这里我也要感谢在翻译过程中帮助过我的朋友何锐、汪绮芸、于宁等。没有他们的协助，这本书的翻译不会如此顺利。感谢上海市文物保护研究中心赵荦、复旦大学文物与博物馆学系曹小燕校对与润色译稿。最后还要感谢本书的编辑陈琳女士在本书出版过程中付出的种种努力。

译者水平有限，其中有缺点、错误在所难免，尽管如此，译者仍然希望本书对于想了解更多有关世界水下考古遗址历史保护，以及可能单纯地喜欢参观这些特别的考古遗址的人们有所助益。

洪欣

2022 年 4 月 30 日